Polskie Archiwum X

Piotr Litka
Bogdan Michalec
Mariusz Nowak

ZBRODNIE, KTÓRE MIAŁY ZOSTAĆ ZAPOMNIANE

Polskie Archiwum X

NIE MA ZBRODNI BEZ KARY

MANDO

Opieka redakcyjna: Damian Strączek
Redakcja: Małgorzata Fugiel-Kuźmińska
Korekta: Dariusz Godoś, Anna Śledzikowska
Projekt okładki: Izabella Marcinowska
fot. na pierwszej stronie okładki © Dariusz Kobucki
Skład: Lucyna Sterczewska

ISBN 978-83-277-1571-5

WYDAWNICTWO WAM
ul. Kopernika 26 • 31-501 Kraków
tel. 12 62 93 200 • faks 12 42 95 003
e-mail: wam@wydawnictwowam.pl

DZIAŁ HANDLOWY
tel. 12 62 93 254-255 • faks 12 62 93 496
e-mail: handel@wydawnictwowam.pl

KSIĘGARNIA WYSYŁKOWA
tel. 12 62 93 260
www.wydawnictwowam.pl

Druk: Read Me • Łódź

Książkę wydrukowano na papierze iBOOK Extra 65 g wol. 2.0
dostarczonym przez firmę IGEPA Polska Sp. z o.o.

Powiadam wam: Tak samo w niebie
większa będzie radość z jednego grzesznika,
który się nawraca, niż z dziewięćdziesięciu
dziewięciu sprawiedliwych,
którzy nie potrzebują nawrócenia.

Ewangelia wg św. Łukasza, rozdział 15 wers 7

Na początek

Styczeń 1999 roku. Z Wisły wyłowione zostają szczątki zaginionej dwudziestotrzyletniej studentki z Krakowa, Krystyny S. Niewinne słowo „szczątki" kryje makabryczną prawdę – z Wisły wyłowiona zostaje ludzka skóra. Niewyjaśniona przez prawie dwadzieścia lat sprawa elektryzuje media, na łamach gazet, ekranach telewizorów, kartach książek, w radiu, internecie, a nawet w piosenkach powraca temat „krakowskiego *Milczenia owiec*". Towarzyszy mu strach, że gdzieś w Polsce żyje na wolności okrutny morderca. Mnożą się pytania: Kim jest ten człowiek? Czy znowu zabije? Czy ma na sumieniu inne ofiary?

Podejrzewany o popełnienie tej zbrodni mężczyzna zostaje zatrzymany na krakowskim Kazimierzu w środowe popołudnie 4 października 2017 roku. Nie stawia oporu. Tego samego dnia zostaje przesłuchany. Od tamtej pory przebywa w areszcie.

Żeby dobrze zrozumieć sprawę Krystyny S., trzeba wniknąć w sposoby działania zabójców, w ich psychikę, w ciemne zakamarki ich umysłów. W naszej opowieści postanowiliśmy przedstawić metody – jak sami to nazywamy – „zakłamywania rzeczywistości" oraz „rozsiewania iluzji" przez sprawców, których celem jest uniknięcie odpowiedzialności za swój czyn. Prezentujemy sprawy prowadzone przez krakowskie „Archiwum X" ze szczególnym uwzględnieniem tych, które miały znaczenie dla wyjaśnienia zbrodni popełnionej blisko dwadzieścia lat temu w Krakowie. Zdradzamy szczegóły stosowanych w śledztwach metod, które przyczyniły się do rozwiązania zagadki wyłowionej z Wisły ludzkiej skóry.

Nasza książka nie jest powieścią kryminalną. To historie wzięte z życia, z „realu", jak lubi powtarzać Bogdan, szef krakowskiego policyjnego „Archiwum X", który jest jednym z bohaterów tej opowieści. Drugim jest Mariusz, były funkcjonariusz „Archiwum X" i bliski kolega Bogdana.

Policjanci z elitarnej jednostki śledczej z Krakowa opowiedzą o śmierci ofiar i bezkarności sprawców. O trudnej pracy detektywa. O „złych czynach" i „złych emocjach". O zbrodni, która zawsze jest końcem czyjegoś życia i początkiem czyjegoś strachu.

Wreszcie o śledztwie, które doprowadziło do wskazania potencjalnego sprawcy zbrodni przywodzącej na myśl krwawe poczynania Bufallo Billa, bohatera filmu *Milczenie owiec*.

Kraków, kwiecień 2018

Zwłoki w śrubie

I

Dziś to miejsce wygląda zupełnie inaczej. Dwadzieścia lat temu nie było mostu, wyższej uczelni, tramwaju i rozrastającego się jak nowotwór osiedla. Kiedyś była to dzielnica przemysłowa, z małymi fabryczkami i siermiężnymi biurowcami. Dziś mieszkania tu drożeją, knajpki żyłują ceny jak w Rynku, reklamują się biura do wynajęcia.

Choć dużo się zmieniło, to spacerować wzdłuż rzeki wciąż można tylko po przeciwnej stronie bulwarów. Tam, gdzie dróżka nagle się urywa, kończy się budowana w zawrotnym tempie dzielnica, a zaczynają dzikie parkingi i wysypiska śmieci. Wąskim, popękanym chodnikiem o dumnej nazwie bulwar Podolski można dojść wzdłuż rzeki do mostu. A gdy skręci się w lewo – do placu, gdzie dokonała się likwidacja getta w czasie II wojny światowej.

Na nagraniu VHS niewiele widać. Jest późne, zimowe popołudnie. Nie ma śniegu, choć to początek roku. Woda ma kolor sinego błękitu. Wieje wiatr. W lewym dolnym rogu data i godzina: 7 stycznia 1999 roku, 14.05.

Siedem godzin wcześniej pracownik portu rzecznego poinformował komisariat wodny policji przy ulicy Tynieckiej w Krakowie o dziwnym znalezisku w turbinie barki. Silnik został zablokowany dzień wcześniej, jednak załoga barki dopiero teraz postanowiła sprawdzić, co się stało. Tuż po przybyciu policjantów oraz lekarza odbyły się wstępne oględziny – jak to zostało ujęte w protokole – ludzkiej „skóry z przedniej części korpusu bez tkanek kostnych z widocznym pępkiem i fragmentem owłosienia łonowego".

Operator filmuje rzekę z motorówki. Na ekranie widać przemysłowe Zabłocie i stary port rzeczny z zacumowanymi przy brzegu barkami. Na tamie majaczą niewyraźne zarysy sylwetek dwóch mężczyzn. Rzadko przejeżdżają samochody. W pewnym momencie kierujący motorówką przyspiesza, a operator odwraca się, by sfilmować stado ptaków, które z krzykiem odlatują w kierunku brzegu. Na nagraniu nie słychać, by ktoś rozmawiał. Nikt nie wymienia uwag, nie wspomina, że jest to wizja lokalna. Oglądając materiał, można się tego nie domyślać.

Dzień później pojawiają się pierwsze artykuły prasowe. „Dziennik Polski" wybija czarną czcionką informację o „zwłokach w śrubie". Wydarzenia relacjonuje dziennikarz podpisujący się inicjałami E.K.:

> Fragmenty ludzkich zwłok oraz damskiej bielizny ujawniono wczoraj w pobliżu portu rzecznego na krakowskim Zabłociu. Zwłoki pływały w Wiśle. Zostały wciągnięte i zmasakrowane przez płynącą barkę.
>
> O makabrycznym znalezisku policję poinformował dyżurny portu rzecznego. Według jego relacji w środę wieczorem [6 stycznia] podczas dobijania pchacza[1] ŁOŚ do brzegu, jego załoga

usłyszała dziwne i podejrzane trzaski. Później spostrzegła, że coś nawinęło się na śrubę barki. Początkowo sądzono, że doszło do awarii. Wczoraj rano [7 stycznia] okazało się, że na śrubę nawinęły się fragmenty zwłok ludzkich (prawdopodobnie część lędźwiowa) oraz fragmenty damskiej bielizny (kawałek ramiączka oraz swetra).

Policja wiąże wczorajsze odkrycie ze zgłoszeniem z 17 grudnia [1998]. Przypadkowy świadek informował wówczas, że ktoś skoczył do Wisły z mostu Grunwaldzkiego. Do dzisiaj jednak nie ustalono personaliów samobójcy lub samobójczyni. Mimo poszukiwań nie znaleziono również zwłok. [Jak również przypadkowego świadka – przyp. aut.].

Na nagraniu z 7 stycznia 1999 roku motorówka wolno podpływa do zamkniętego jazu elektrowni wodnej. Na powierzchni wody unosi się gęsty, brązowo-błękitny kożuch śmieci. Dwa cienie: operatora kamery i kierującego motorówką, majaczą niewyraźnie na rozświetlonej promieniami zachodzącego słońca ścianie elektrowni i nagle znikają. Motorówka zawraca i płynie w kierunku portu.

Mija tydzień. W czwartek 14 stycznia 1999 roku w kracie zbierającej odpady przy elektrowni na stopniu wodnym Dąbie zostają odnalezione strzępy ubrań i ludzka noga z fragmentem pośladka. Badania porównawcze wykazują, że to szczątki tej samej osoby, której fragmenty zwłok wyłowiono z Wisły tydzień wcześniej. Tego samego dnia przeczesujący brzeg rzeki policjanci odnajdują jeszcze damski but oraz kawałki ciemnoczerwonych rajstop. Później okaże się, że to przypadkowe znaleziska i nie mają związku ze sprawą.

Zakład Medycyny Sądowej na podstawie badań stwierdza, że znalezione w Wiśle szczątki leżały w wodzie nie dłużej niż kilka tygodni. Biegli orzekli, że to fragmenty zwłok młodej kobiety, która została w okrutny sposób zamordowana. Sprawca odciął jej sutki, a zdjętej z niej skóry używał najprawdopodobniej jako fetyszu. Możliwe, że próbował ją na siebie zakładać.

Jak zaznaczył biegły z krakowskiego Zakładu Medycyny Sądowej, badania „pozwoliły na znalezienie śladów wskazujących na doznanie [przez ofiarę] silnego urazu, który zadziałał na jej ciało przed rozkawałkowaniem". Biegli stwierdzili obecność tak

Szkic sytuacyjny miejsca zablokowania silnika pchacza „Łoś" 6 stycznia 1999 r. (fot. Archiwum TVN)

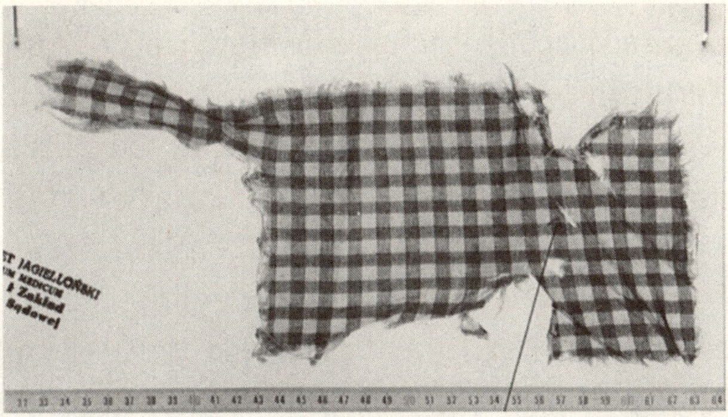

Strzępy flanelowej koszuli odnalezionej razem ze szczątkami ofiary w dniu 7 stycznia 1999 r. (fot. Archiwum TVN)

zwanych rozstępów pourazowych (*stretch-like tears*) i wyjaśnili, że są to „płytkie równoległe pęknięcia skóry powstające przy gwałtownym rozciągnięciu danego fragmentu ciała. (…) Siły potrzebne do powstania rozstępów pourazowych są tak znaczne, że występowanie tego śladu dowodzi dużej prędkości kolizyjnej".

Znaczyło to, że ofiara doznała przed śmiercią silnego urazu lub serii urazów. Rozstępy pourazowe „zostały znalezione na pograniczu pośladka i uda. Dowodem potwierdzającym, że powstały przed rozkawałkowaniem, jest fakt, iż pojedynczy zespół rozstępów został znaleziony na dwóch częściach ciała wydobytych z Wisły w różnych miejscach w odstępie kilku dni".

Na odnalezionej w kracie elektrowni nodze biegły odnalazł też obrażenia, które potwierdzały „doznanie [przez kobietę] masywnego urazu wielonarządowego". Były to: złamanie kości krzyżowej oraz „złamania kości długich z odłamem pośrednim w kształcie klina".

Opinia dotycząca obrażeń spowodowanych „dużą prędkością kolizyjną" wynikała ze schematu występującego przy analizowaniu uszkodzeń ciała tego typu. Późniejsze o kilkanaście lat specjalistyczne badania szczątków Krystyny S. wykazały, że w tym przypadku obrażenia były wynikiem działań sprawcy. Nie mogły powstać w wyniku wypadku samochodowego ani upadku z dużej wysokości.

W dniu, kiedy odnaleziono nogę ofiary, dziś już nieżyjący Zdzisław N. przed policyjną kamerą opowiedział ze szczegółami, jak dokonał makabrycznego odkrycia w śrubie barki.

– Znajdujemy się w Krakowie przy ulicy Zabłocie 2 – zaczyna policjant. – Na nabrzeżu Przedsiębiorstwa Handlowo-Usługowego. Jest to prawy brzeg Wisły na wysokości Zabłocia. Widzimy tutaj

Pchacz ŁOŚ K-19 – stop-klatka z wizji lokalnej (fot. Archiwum TVN)

burtę pchacza. Czy mógłby pan określić nam w oparciu o swoje doświadczenie, do jakiej wysokości sięga poziom wody w sytuacji, kiedy pchacz znajduje się w wodzie?

– Ten pchacz po zatankowaniu paliwa i zanurzeniu sięga na głębokość około 80 centymetrów – odpowiada Zdzisław N.

– Dobrze. Przejdźmy wobec tego w pobliże pchacza. Tu jest takie półkole. Jak pan je opisze?

– To jest zaokrąglona burta.

– A to podcięcie?

– Służy do tak zwanego zassania wody z zewnątrz. Jak silnik pracuje, to wszystko jest całe zatopione, ale jak maszyna zatrzymuje się, u góry robi się trochę miejsca. Nie więcej niż dziesięć centymetrów. Bo przy zassaniu śruby, kiedy silnik zostaje włączony, statek się zatapia głębiej w wodę i wtedy tu wszystko jest zalane.

– Pan wspomniał, panie Zdzisławie, że do ujawnienia tych szczątków doszło poprzez zdjęcie dekla. Czy z tego miejsca gdzie się obecnie znajdujemy, widoczny jest ten dekiel?

– Tak.

– I pan ten dekiel zdjął, tak?

– Tak.

– I zauważył pan pływające szczątki?

– Tak.

– One leżały, pływały w wodzie?

– Pływały.

Dzień po wizji lokalnej, 15 stycznia 1999 roku, prokurator Prokuratury Okręgowej „postanowił wszcząć śledztwo w sprawie zabójstwa ze szczególnym okrucieństwem nieustalonej dotąd osoby, której elementy ciała ujawniono w dniu 7 stycznia 1999 roku w porcie rzecznym Zabłocie w Krakowie, tj. o przestępstwo z art. 148 paragraf 2 punkt 1 kodeksu karnego".

Do Wydziałów Kryminalnych Komend Wojewódzkich Policji w Kielcach, Rzeszowie i Lublinie wysłane zostały telefonogramy z poleceniem, by wszelkie przypadki odkrycia fragmentów ludzkich zwłok, które mogłyby spłynąć w dół Wisły, niezwłocznie przekazywać do Wydziału Kryminalnego KWP w Krakowie.

W jednej z wersji policjanci przyjęli, że ofiara, której szczątki wyłowiono z Wisły, jakiś czas temu zaginęła. Przejrzeli więc kartoteki osób zaginionych z kilku ostatnich miesięcy, natrafiając na ślad Krystyny S., której zaginięcie w dniu 12 listopada 1998 roku zgłosiła policji matka.

Wkrótce po zniknięciu córki Joanna S. zwróciła się o pomoc w poszukiwaniach jedynaczki do firmy detektywistycznej z Krakowa. Pracownicy agencji szybko ustalili, że dziewczyna była częstym gościem giełdy płytowej, która była w tamtym czasie organizowana w klubie Pod Przewiązką w akademiku przy ulicy Bydgoskiej. Krystyna S. chodziła na giełdę, by odbierać od jednego z jej bywalców kasety magnetofonowe z przegranymi płytami zespołu Grateful Dead, którym była zafascynowana. Detektywi ustalili, kim był ów mężczyzna, ale później okazało się, że nie miał on związku z zaginięciem i śmiercią dziewczyny. Dotarli też do najbliższych, jak im się wówczas wydawało, koleżanek zaginionej. Rozmowy z dziewczętami nic jednak nie wniosły.

W tym czasie matka Krystyny rozwieszała po Krakowie plakaty ze zdjęciem córki i numerem domowego telefonu. Skontaktowało się z nią kilku mężczyzn. Jeden zaproponował spotkanie na Rynku Głównym. Matka dziewczyny skonsultowała się z detektywem, który odradził jej spotkanie, twierdząc, że najprawdopodobniej ktoś próbuje wyłudzić od niej pieniądze. Pewnego wieczoru niedługo potem nieznajomy zadzwonił do Joanny S.: „A jednak pani nie przyszła" – powiedział i odłożył słuchawkę. Wzmianka o tym zdarzeniu pojawia się w pierwszych tomach akt śledztwa przy okazji przesłuchań matki Krystyny S. Kobieta kilkakrotnie podkreślała, że ta sytuacja wydała jej się dziwna. Policjantom udało się tylko ustalić, że nieznajomy dzwonił z budki telefonicznej w centrum Krakowa.

Kim była zaginiona dziewczyna?

Dwudziestotrzyletnia Krystyna S. była studentką Uniwersytetu Jagiellońskiego. Nie miała wielu przyjaciół, z koleżankami jeździła na koncerty do Katowic. Sąsiedzi z bloku mówili o niej, że była cicha, spokojna i poukładana. Według matki Krysia nie miała wrogów i szczerze z nią rozmawiała o problemach. Nigdy jej nie okłamała. Dwa lata przed zniknięciem Krysi po ciężkiej chorobie zmarł jej ukochany ojciec, Andrzej. Dziewczyna bardzo to przeżyła. Ale przyszedł czas, że zaczęła się zmieniać. Jak wspominała po latach sąsiadka, przed zaginięciem Krystyna S. zaczęła się odchudzać. Ufarbowała włosy. Częściej się uśmiechała.

Ogłoszenia o zaginięciu studentki pojawiały się nadal – w lokalnym wydaniu *Kroniki* w Telewizji Kraków, w ogólnopolskim programie *Ktokolwiek widział, ktokolwiek wie...* W lutym 1999 roku kolejne nadało Radio RMF, ogłoszenie pojawiło się też w programie kryminalnym *Supergliny* w telewizji TVN. Matka cały czas wierzyła, że córka żyje, i nie dawała za wygraną.

22 kwietnia 1999 roku w wyniku porównania materiału genetycznego pobranego z odnalezionych w Wiśle szczątków z DNA pobranym od Joanny S. specjaliści z Zakładu Medycyny Sądowej w Krakowie stwierdzili, że fragmenty odnalezionego w Wiśle ciała należą do jej córki. Do Krysi.

Pod koniec maja 1999 roku policjanci otrzymują informację, że niedaleko Krakowa w piwnicy domu znaleziono zwłoki, a obok odciętą głowę ze zdartą skórą.

„Morderca zaatakował po raz kolejny" – to pierwsza myśl, która przychodzi śledczym do głowy.

Skalp

2

– Nawet jeśli ktoś zabija na zimno, to wcześniej przeżył coś, co go ukształtowało i obudziło w nim pragnienie mordu – mówi Bogdan.

– A ja się z tobą do końca nie zgodzę – wtrąca Mariusz, były funkcjonariusz policyjnego zespołu do spraw niewykrytych zabójstw, kolega Bogdana. – Zdarzają się zabójstwa przypadkowych ofiar, które nie mają związku ze sprawcą.

– Ofiara i sprawca nie muszą być rodziną – tłumaczy spokojnie Bogdan. – Ale to emocje rządzą zabójcami. Sprawca, odbierając komuś życie, mści się zawsze na konkretnym człowieku: na ojcu, matce, ukochanej kobiecie, która zdradziła, na dziadkach, którzy bili go w dzieciństwie... A więc: za brak miłości.

Kraków. Jest wieczór, siedzimy w ciasnej klitce, na stole dymią filiżanki z kawą i herbatą. Bogdan jest szefem policyjnego zespołu do spraw niewykrytych zabójstw nazywanego potocznie „Archiwum X". Od wielu lat z kilkuosobowym zespołem prowadzi śledztwa w sprawach, wydawałoby się, beznadziejnych. Dotyczą niewyjaśnionych zgonów, tajemniczych zaginięć. W takich przypadkach zwykle tylko najbliższa rodzina poszukiwanej osoby ma jeszcze nadzieję na odnalezienie jej żywej. Albo przynajmniej na prawdziwy pogrzeb, jeśli uda się odnaleźć ciało. To właśnie bliscy wierzą, że los człowieka, który pewnego dnia „wyszedł i nie powrócił do miejsca zamieszkania", zostanie wyjaśniony, a śledztwo zamknięte.

Krakowskie „Archiwum X" powstało w 2004 roku, pięć lat po odnalezieniu w Wiśle szczątków Krystyny S.

– Sprawa zabójstwa Krystyny S. ukształtowała nasz zespół – zaczyna opowieść Bogdan. – Bez niej nie byłoby „Archiwum X". Ale po kolei. Sposób myślenia i działania, które leżą u podstaw dziedziny, którą dumnie nazywa się kryminalistyką, mają korzenie w niezbyt lubianej przeze mnie epoce oświecenia. Wtedy odstawione na boczny tor zostają intuicja, wiara i emocje jako coś powstrzymującego rozwój cywilizacji. To w oświeceniu nastąpiło „odczarowanie świata"[2], ludzkość wpadła w szaleństwo katalogowania, porządkowania, wtłaczania całości ludzkich doświadczeń w procedury, normy, szufladki.

– Jak na przykład więzienny podział na „koguty", czyli ekstrawertyków, i „misie", czyli introwertyków... – dorzuca Mariusz.

– Na pewnym etapie ten sposób myślenia jest potrzebny – przyznaje Bogdan. – Zalecałbym jednak daleko idącą ostrożność przy opieraniu się wyłącznie na oświeceniowym pojmowaniu świata. A tak właśnie wygląda klasyczne śledztwo. Z mojego doświadczenia wynika jednak, że wśród sprawców zabójstw najczęściej mamy do czynienia z mistrzami pierwszego kroku bokserskiego. Odwagi starcza im na sam czyn. Później zaczyna się cwaniactwo, chronienie własnej skóry, zrytualizowane zachowania, wszystko, co my nazywamy „zakłamywaniem rzeczywistości". Tu rządzą prawa entropii, co mnie niezmiennie fascynuje. Im bardziej sprawca po dokonaniu zbrodni dąży do uporządkowania, tym bardziej bierze w nim górę chaos. Ale świat budowany na czyjejś śmierci zawsze jest światem kruchym, którego fundamentem są lęk i wyrzuty sumienia. Na zewnątrz wszystko może wyglądać normalnie, ale w sumieniu sprawcy i w jego głowie szaleją demony. Dlatego mówię prowadzącym nasze śledztwa prokuratorom, żeby zamiast kierować osobę podejrzewaną o zabójstwo na badania sądowo-psychiatryczne, sprawdzić poziom miłości w rodzinie potencjalnego sprawcy. A czasem też w rodzinie ofiary. Czyli wracamy do emocji.

– Urzekło mnie twoje wyznanie... – śmieje się Mariusz.

– Chodzi mi o sposób odczuwania świata – odpowiada z powagą Bogdan. – Po latach przepracowanych w zabójstwach wiem, że ludzie w większości wykazują cechy psychopatyczne i każdy z nas, jeśli zrobi coś złego, niezgodnego z prawem, po prostu chce pozostać bezkarny.

Zdarzają się jednak wyjątki od tej reguły.

31 maja 1999 roku mieszkający niedaleko Krakowa Iwan W. powiadomił funkcjonariuszy policji w Skawinie o tym, że w jego domu w B. doszło do zabójstwa.

Ofiara to Michaił W., syn zgłaszającego. Z relacji Iwana wynikało, że zabójcą może być jego wnuk, Dymitr. Na miejsce natychmiast pojechała ekipa dochodzeniowo-śledcza.

W piwnicy domu należącego do rodziny W. policjanci odnaleźli bezgłowe zwłoki około pięćdziesięcioletniego Michaiła. Poniżej powieszonego za nogi ciała leżał ściągnięty z odciętej głowy ofiary przypominający maskę skalp. Sprawca zdjął go fachowo. Zwłoki były ubrane w slipy. Niedaleko leżały pantofle ofiary.

Prowadzący oględziny miejsca zabójstwa funkcjonariusze zaczęli od piwnicy, potem przeszukali parter, pomieszczenia na piętrze, a skończyli na strychu. Zabezpieczyli dużo śladów – odciski palców, ślady krwi oraz domniemane narzędzia zbrodni: nóż sekcyjny oraz młotek. Podczas oględzin ogrodu jeden z policjantów odnalazł oskalpowaną głowę.

– Pamiętam, że czułem wtedy niesamowitą energię i pewność, że możemy złapać sprawcę nie tylko okrutnej zbrodni na mężczyźnie, ale też potencjalnego zabójcę krakowskiej studentki.

Bogdan zapala papierosa i zaczyna opowiadać:

– Sytuacja była napięta. Informacje na temat sprawcy zabójstwa, który zniknął z miejsca zbrodni, były szczątkowe. Członkowie rodziny W. pochodzili spoza Polski, nie byli notowani. Na miejscu znalezienia zwłok pojawiły się załogi całego praktycznie Wydziału Kryminalnego z KWP w Krakowie. Po okolicy

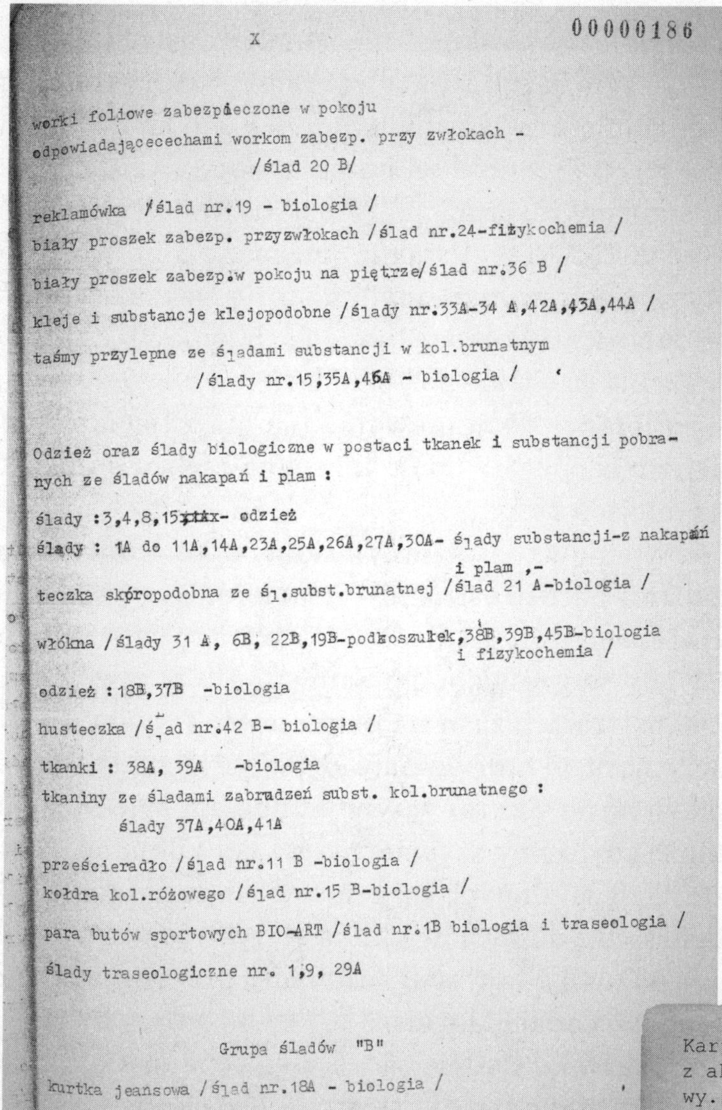
X 00000186

worki foliowe zabezpieczone w pokoju
odpowiadającecechami workom zabezp. przy zwłokach -
/ślad 20 B/

reklamówka /ślad nr.19 - biologia /

biały proszek zabezp. przyzwłokach /ślad nr.24-fizykochemia /

biały proszek zabezp.w pokoju na piętrze/ślad nr.36 B /

kleje i substancje klejopodobne /ślady nr.33A-34 A,42A,43A,44A /

taśmy przylepne ze śladami substancji w kol.brunatnym
/ślady nr.15,35A,46A - biologia /

Odzież oraz ślady biologiczne w postaci tkanek i substancji pobranych ze śladów nakapań i plam :

ślady :3,4,8,15 - odzież
ślady : 1A do 11A,14A,23A,25A,26A,27A,30A- ślady substancji-z nakapań i plam ,-

teczka skóropodobna ze śl.subst.brunatnej /ślad 21 A-biologia /

włókna /ślady 31 A, 6B, 22B,19B-podkoszulek,38B,39B,45B-biologia i fizykochemia /

odzież :18B,37B -biologia

husteczka /ślad nr.42 B- biologia /

tkanki : 38A, 39A -biologia
tkaniny ze śladami zabrudzeń subst. kol.brunatnego :
ślady 37A,40A,41A

prześcieradło /ślad nr.11 B -biologia /
kołdra kol.różowego /ślad nr.15 B-biologia /

para butów sportowych BIO-ART /ślad nr.1B biologia i traseologia /

ślady traseologiczne nr. 1,9, 29A

Grupa śladów "B"

kurtka jeansowa /ślad nr.18A - biologia /

Karta 186 z akt sprawy. Fragment listy dowodów rzeczowych zabezpieczonych na miejscu zabójstwa Michaiła W.

krążyły oznakowane i nieoznakowane radiowozy. W naszym języku nazywamy to „rozproszeniem sił". Pamiętam, że był wieczór, ale pod koniec maja jest jeszcze jasno o tej porze. Przez krótkofalówkę dostaliśmy informację, że poszukiwany może być niedaleko. Wracaliśmy z kolegą z okolic Nowego Sącza, gdzie szybko udało nam się wskazać sprawcę zabójstwa kobiety i jej dwóch synów[3]. Byliśmy w garniturach, ale pod bronią.

Policjanci dysponowali kilkoma zdjęciami podejrzanego, które udało im się na szybko odnaleźć na miejscu zbrodni.

– Wtedy, w tym smutnym domu z czerwonej cegły, byliśmy bardzo ostrożni – wspomina Bogdan. – Nie chcieliśmy zatrzeć śladów. Uważam to dziś za błąd. Bo gdy w grę wchodzi schwytanie sprawcy, nie można tracić czasu na ostrożność. Trzymanie się schematu, w którym najważniejsze są ślady kryminalistyczne, akurat w tym przypadku było błędem. Może gdybyśmy szybciej przeszukali dom, mielibyśmy więcej danych na temat podejrzanego. A tak było sporo domysłów i kilka starych zdjęć...

– Bogdan i tak miał problemy przez to szybkie tempo – dodaje Mariusz.

– Szukanie śladów za wszelką cenę to klasyczna ucieczka od odwagi i ryzyka – irytuje się szef krakowskiego „Archiwum X" – a te zawsze powinny towarzyszyć detektywowi w drodze do poznania prawdy. Wiadomo, że jak dojdą do tego oględziny procesowe, może minąć i czterdzieści osiem godzin. A my szukaliśmy niebezpiecznego sprawcy morderstwa, o którym wiedzieliśmy niewiele. On był na wolności, a my nie mieliśmy nawet jego aktualnego zdjęcia. Podejrzewaliśmy go też o udział w zabójstwie Krystyny S. Dlatego weszliśmy do jego pokoju w workach foliowych założonych na buty i w lateksowych rękawiczkach. Miałem z tego powodu rozmowy dyscyplinujące o naruszenie procedury związanej z oględzinami. Ale gdybyśmy tego nie zrobili, obawiam się, że Dymitr W. mógłby nam się wymknąć i zacząć się ukrywać. Ważny był czas, a nie marnowanie energii na procedury, dla których najlepszym miejscem jest przemysł farmaceutyczny. Dlatego dziś postąpiłbym tak jak wtedy. Chcę jednak, by dobrze mnie zrozumiano: szanuję procedury, ale w tym przypadku ich stosowanie byłoby niebezpieczne. Mogliśmy do nich wrócić, gdy człowiek podejrzewany o dokonanie zbrodni był już w naszych rękach.

– *Ordnung muss sein*[4] – rzuca z uśmiechem Mariusz.

– Oczywiście, że tak! – ożywia się Bogdan. – Żyję przecież w świecie, w którym nie mogę pominąć procedur, więc próbuję je sprowadzić do sensownego minimum. Kiedy mówię o procedurach, przypomina mi się starożytna rzeźba *Grupa Laokoona.* Moja intuicja podpowiada mi, że we współczesnym świecie tymi wężami z rzeźby są nadmiar procedur i zasady ich stosowania. Tak samo jest z komputerami, które interpretują fakty i opracowują statystyki, ale nie znają emocji, co przy szukaniu sprawcy zabójstwa jest kluczowe. Dlatego uważam, że w śledztwie zbytnie zawierzenie postępowi cywilizacyjnemu to krok wstecz. Konfucjusz nauczał, że dawniej wierzył w to, co ludzie mówili o swoich czynach. Gdy nabrał doświadczenia, zaczął pomijać słowa i patrzeć na same czyny. Od lat staram się robić to samo.

Nieoznakowany policyjny radiowóz dojechał do przystanku autobusowego przy zakopiance, w kierunku Krakowa. W wiacie siedział dobrze zbudowany młody mężczyzna w czapce. Patrzył w kierunku policjantów, uśmiechał się. Ci przez chwilę nie wysiadali z auta.

– Kolega powiedział do mnie: „To chyba on" – opowiada Bogdan. – Wysiedliśmy. Facet być może coś przeczuwał, bo kiedy tylko usłyszał, że o niego pytamy, sarkastycznie się uśmiechnął i powiedział: „To mnie macie". Skuliśmy go. Pamiętam, że na przystanku siedziała obok niego kobieta. Gdy zobaczyła, co się dzieje, wstała i uciekła. Ciągle jednak patrzyła, co się dzieje.

Podczas pierwszego przesłuchania podejrzany przyznał się do zbrodni. Na podstawie jego wyjaśnień i zeznań dziadka udało się zrekonstruować to, co się wydarzyło.

Wieczorem 30 maja 1999 roku Dymitr W. poprosił swojego ojca Michaiła o pomoc w pracach domowych w piwnicy. Razem zeszli na dół.

Około godziny piątej rano obudził się dziadek Dymitra, Iwan. Wyjrzał przez okno i w ogrodzie zauważył siedzącego na ławce Michaiła. A przynajmniej tak mu się wydawało. Osoba siedząca na ławce miała na sobie ubranie jego syna: szalik, okulary i kapelusz. Iwana zdziwiło co innego. Gdy ten się odezwał, jego głos nie brzmiał jak głos jego syna. Ktoś nieudolnie naśladował sposób mówienia Michaiła. Na jego twarzy Iwan zauważył też dziwny, czerwony wykwit. Podczas śniadania rozpoznał w mężczyźnie swego wnuka, Dymitra. Usłyszał wtedy od niego, że „syn powinien być podobny do ojca”.

Tuż po godzinie trzynastej Iwan znalazł w piwnicy zwłoki Michaiła. Natychmiast poszedł do sąsiada i od niego zadzwonił na policję.

Dymitr W. podczas przesłuchania powiedział, że w dniu zabójstwa nie wychodził z domu. Czytał Nietzschego, oglądał horrory i słuchał metalu.

– Żal mi trochę Nietzschego – stwierdza Bogdan – który jest dla mnie jednym z bardziej oryginalnych i nierozumianych filozofów w historii. Bardzo często cytuję słuszne moim zdaniem powiedzenie tego myśliciela, który przepowiadając nasze czasy, pytał: „Co wy zrobicie, kiedy wszystkich nauczycie czytać i pisać? Powstanie z tego taki chaos, że się nie opamiętacie”. Miał rację.

Około godziny 19.30–19.40 Dymitr zszedł z ojcem do piwnicy. Tam zaatakował go paralizatorem, co nie przyniosło oczekiwanego rezultatu. Wtedy użył metalowego, przypominającego szpikulec wkrętaka, który wcześniej przez kilka miesięcy szlifował. Zadał nim ojcu kilkanaście ciosów. Zdaniem biegłych z Zakładu Medycyny Sądowej w Krakowie przyczyną zgonu Michaiła W. były co najmniej dwie rany kłute serca. W ich wyniku doszło do wewnętrznego krwotoku i wykrwawienia.

Składając wyjaśnienia przed prokuratorem, Dymitr powiedział, że po dokonaniu zabójstwa czuł się, „jakby zabił siebie". Zdawał sobie sprawę, że ma do wyboru albo pochować ojca niedaleko domu i powiedzieć dziadkowi, że Michaił wyjechał, albo – jak sam się wyraził – „pójść na tak zwaną całość". Wybrał drugie rozwiązanie. Zdecydował się zrobić ze zwłok swoiste dzieło sztuki, „obnażyć w ojcu szczyt ludzkiej podłości". Przed prokuratorem przywołał film *Siedem* w reżyserii Davida Finchera, w którym zabójca wybierał swoje ofiary według klucza siedmiu grzechów głównych. Ale – jak sam stwierdził – nie lubił nikogo naśladować, więc ukarał ojca za podłość, która wśród siedmiu grzechów głównych nie jest wymieniona. Mówił, że chciał poprzez swoją zbrodnię udowodnić, że człowieka można poznać po wartościach, w które wierzy, a nie po twarzy.

„Mój ojciec nigdy nie miał wartości i w związku z tym nie miał twarzy – wyjaśnił. – Chciałem też sprawdzić, czy dziadek pozna swojego syna. Dlatego musiałem uwolnić ciało od głowy, bo głowa jest wszystkiemu winna".

– Klasyczny przykład postoświeceniowego myślenia – stwierdza Bogdan. – Już starożytni Egipcjanie usuwali mózg, ale preparowali i zachowywali serce. Uważali, że emocje są ważniejsze od rozumu. Ja też tak uważam.

Głowę swego ojca Dymitr próbował bezskutecznie odciąć skalpelem, potem użył łopaty „sztychówki". Na koniec wyrzucił ją w rosnące pod balkonem chwasty, bo – jak stwierdził – „właściwie ta głowa była chwastem". Ciało powiesił za nogi, które owinął foliowym workiem i przewiązał dziecięcą skakanką. Ręce zwisały w dół. Miało to według niego symbolizować odwrócony krzyż, gdyż ojciec za życia „sprawiał wrażenie bogobojnego człowieka, a nawet nie znał żadnej modlitwy". Dlaczego pozbył się głowy? Bo „głowa takiego skurwiela nie może być nawet na diabelskim krzyżu".

Po dokonaniu zabójstwa Dymitr odwrócił zwłoki na brzuch, by „nie widzieć spojrzenia ojca". Przed obcięciem głowy zdjął z twarzy oraz kawałka pleców ofiary skórę razem z włosami. Uszył z niej maskę, którą później sam założył. By upodobnić się do ojca, zgolił z przedniej części czaszki włosy. Włożył na siebie ubranie ojca i starał się chodzić w podobny sposób. Planował też podjąć z banku pieniądze zamordowanego, ale nie zdążył. Został zatrzymany.

Nad ranem usiadł na ławce przed domem. To wtedy rozmawiał z dziadkiem, udając Michaiła. Dopiero podczas śniadania dziadek, który miał problemy ze wzrokiem, rozpoznał w nim swego wnuka i zaczął podejrzewać, że stało się coś strasznego. Kiedy powiedział wnukowi, że idzie do sąsiada zadzwonić, ten domyślał się, że niedługo w ich domu zjawi się policja.

Dymitr zabrał ze sobą kilka dowodów rzeczowych, w tym ubranie ojca, i z ukrycia obserwował przyjazd funkcjonariuszy. Potem twierdził, że miał zamiar oddać się w ręce policji. Czuł, że z jakiegoś bliżej nieokreślonego powodu „poświęca się dla innych".

Składając wyjaśnienia, Dymitr W. opowiedział, że jako mały, co najwyżej pięcioletni, chłopiec był świadkiem krwawego rytuału inicjacyjnego. W kaukaskiej wiosce, gdzie dorastał, nastoletni chłopiec staje się mężczyzną, gdy własnoręcznie zabije barana i zdejmie z niego skórę. Rytuał odbywa się publicznie, w atmosferze święta. Trzy lata przed zabójstwem ojca Dymitr też zabił barana. Dokładnie opisał, jak należy to robić: zwierzę trzyma się za tułów i od dołu podcina mu się żyły na szyi, „od ucha do ucha". Po podcięciu gardła odczekuje się chwilę, aż baran się wykrwawi, i dopiero wtedy odcina mu się głowę. Potem zdejmuje się skórę. Rytuał kończy powieszenie barana za tylne nogi. Dymitr przed prokuratorem skwitował opowieść o swojej inicjacji stwierdzeniem, że nie zrobiło to na nim żadnego wrażenia.

– To był klasyczny przykład zemsty rodzinnej – zaczyna Bogdan.

– Do tego sprawca od samego początku niczego nie ukrywał, a nawet opowiadał o zbrodni ze szczegółami – dodaje Mariusz. – Dziwna rzecz zdarzyła się też, kiedy braliśmy go z aresztu na Monte[5]. Poprosił nas, żebyśmy dali mu kominiarkę i wypuścili go na miasto... A to był wieczór sylwestrowy.

– On się po prostu zgrywał – macha ręką Bogdan. – Dymitr zresztą często zachowywał się na pograniczu wygłupu. Czasami nie było wiadomo, czy mówi poważnie. A przecież w tle było okrutne zabójstwo, rozpad rodziny i dylematy moralne, więc zachowania Dymitra były dla nas niezrozumiałe.

– Na szczęście brał go w obroty głównie prokurator – uśmiecha się Mariusz.

– Kiedy wracam do tej sprawy po latach, zastanawia mnie jedno – zamyśla się Bogdan. – Jak długo można w sobie hodować nienawiść? Jak długo trzeba myśleć o zemście na osobie, z którą mieszka się pod jednym dachem? Co jest iskrą, która rozpala złe emocje i doprowadza do zbrodni? Pamiętam, że tylko raz zobaczyłem prawdziwą twarz Dymitra. Nadzorowałem jego spotkanie z matką w krakowskim areszcie. Kobieta nie wyrzucała Dymitrowi zabójstwa ojca. Miała tylko pretensje o sposób, w jaki Dymitr potraktował jego zwłoki. Wtedy Dymitr, wyraźnie wzruszony, odpowiedział matce, że zrobił to wszystko tylko dlatego, żeby miała „diengi".

Matka szybko mu wyjaśniła, że majątek ojca po jego śmierci dziedziczy dziadek. Wtedy Dymitr odwrócił się w moim kierunku i powiedział: „Trzeba było ubić i dziadka".

Matka Dymitra, Natasza, zostaje przesłuchana 17 czerwca 1999 roku. Potwierdza, że syn uczestniczył w rytuale zabijania barana. Podaje wiele szczegółów dotyczących relacji między ojcem a synem. Wspomina, że Michaił był skryty i mściwy, uważał, że w życiu liczą się tylko pieniądze. Wychowywał syna autorytarnie, pilnował przede wszystkim jego postępów w nauce. Zabraniał Dymitrowi interesować się rzeczami niezwiązanymi ze szkołą, zakazał mu chodzenia na kółko modelarskie oraz nie pozwolił jeździć na rowerze, który chłopakowi kupiła matka. Po ukończeniu szkoły ze złotym medalem Dymitr wyjechał do Polski, skąd pochodziła jego prababka, by studiować wybraną przez ojca medycynę. Gdy Dymitr postanowił zmienić kierunek studiów, konflikt w rodzinie się zaostrzył. Ojciec nie akceptował bliższej synowi psychologii. Natasza W. na pytanie, dlaczego przez tyle lat nie rozwiodła się z mężem, odpowiedziała, że „wolała cierpieć, aby dzieci mogły mieć od męża pieniądze na naukę". Kilka lat wcześniej odkryła, że mąż wielokrotnie ją zdradzał. To wtedy Dymitr znienawidził ojca.

Syn potwierdził słowa matki. Wyznał, że od dłuższego czasu wzrastała w nim nienawiść do ojca, będącego dla niego – co podkreśla – „tak jak brud".

Wspomnienia z dzieciństwa Dymitra W. pełne były złych emocji w stosunku do ojca, który surowo karał syna, twierdząc, że „takie są ojcowskie prawa". Gdy Dymitr miał niecałe pięć lat, bawił się z kolegami z podwórka, rzucając nożem w Stieńkę, chłopca z sąsiedztwa, którego dzieci zamykały w pudle po telewizorze. Chłopak został ranny. Kiedy ojciec Dymitra się o tym dowiedział, kazał synowi klęczeć na soli wysypanej na rozgrzanej patelni.

– Brak miłości – smutno kiwa głową Bogdan. – Przemoc ubrana w pozory dyscypliny i wychowania.

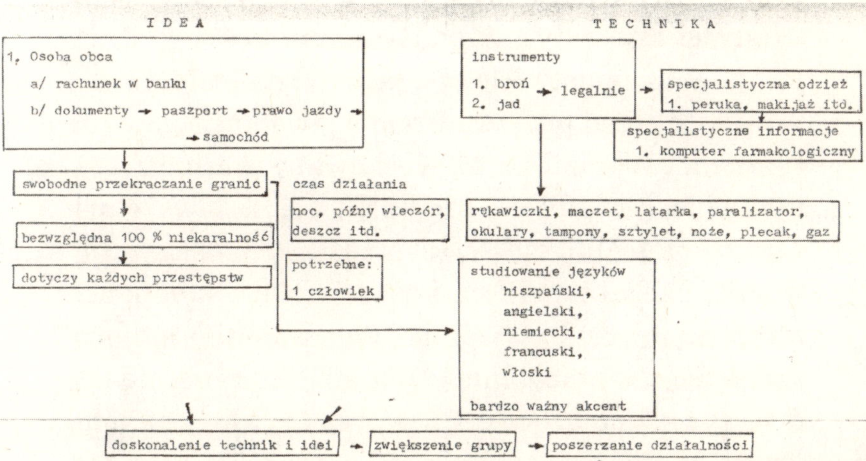

Szkic z notatek Dymitra W. znalezionych na miejscu zbrodni

Między ojcem a synem nie było więzi. Była za to narastająca nienawiść karmiona wzajemnymi pretensjami i urazami. To musiało w końcu wybuchnąć.

– Surowy ojciec i dobra matka – dodaje Mariusz. – W którymś momencie Dymitr wybrał jedno z nich. Matkę szanował i kochał. Ojca postanowił zabić.

– Można na tę sprawę patrzeć też z perspektywy czysto ludzkiego doświadczenia. Kto z nas nie nienawidził drugiego człowieka? Czy nie zdarza się nam w myślach życzyć komuś śmierci?

– Ale rzadko kto zabija...

– Właśnie! – uśmiecha się Bogdan. – Winą ojca było wychowanie syna bez miłości, w poczuciu nieustannej krzywdy i w podsycanym każdego dnia pragnieniu zemsty. Ale czy zasłużył na śmierć?

Dymitr przed prokuratorem nazwał ojca „małym tyranem". Wyraził się, że był chowany w atmosferze nienawiści. Nigdy nie miał przyjaciół. Zawsze był sam. W piątej lub szóstej klasie szkoły podstawowej Dymitr zaczął bawić się nożami. „Noże spodobały mi się po prostu – wyjaśnił. – Wynikało to z mojego samotnego wychowania". Gdy miał kilkanaście lat, fascynował się Bruce'em Lee oraz Czyngis-chanem. „To, co spotkało jego, było mu pisane. To, co mnie spotkało, też było mi pisane", podsumował. Opisując swój stan, powiedział, że czuje „pęd ku śmierci". Opowiadał, że miewa sny, podczas których opuszcza ciało. Nie pamięta dokładnie, co się z nim wtedy dzieje, ale do swego ziemskiego ciała powraca nad ranem.

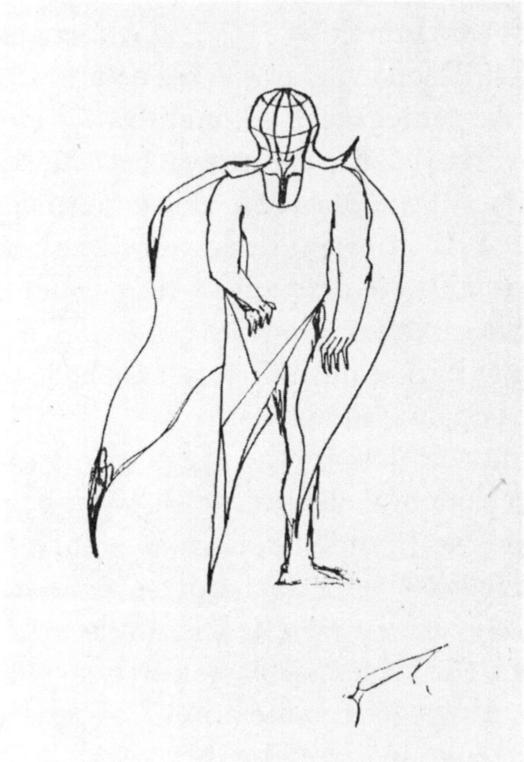

Jeden z rysunków Dymitra W. sporządzonych przed dokonaniem zabójstwa

W czasie studiów Dymitr zaczął prowadzić dziennik, który spalił pół roku przed zabójstwem ojca. Nie zdążył zniszczyć rysunków i notatek, które trafiły w ręce funkcjonariuszy, a potem do akt sprawy. Uczelnię porzucił w 1998 roku i od tego czasu mieszkał w B. z ojcem i dziadkiem. Rzadko wychodził z domu. Nie pracował. Dwa tygodnie przed morderstwem zniszczył swój paszport, prawo jazdy, indeks i książeczkę wojskową.

„Po spaleniu dokumentów chciałem właściwie wyjechać [z Polski] – opowiadał. – Przez ostatnie kilka dni przed zdarzeniem ojciec lamentował i mówił, że bardzo kocha rodzinę, co jeszcze bardziej mnie denerwowało. W dniu zdarzenia albo wcześniej mój ojciec zadzwonił do siostry i też jej mówił, że bardzo ją kocha. We mnie się przelało i wtedy zmieniłem wszystkie swoje plany. Postanowiłem, że albo pozbawię swego ojca życia sam, albo jeżeli nie będę mógł tego zrobić, popełnię samobójstwo".

Kiedy zadawał ojcu ciosy, „ten leżał na ziemi na plecach i szamotał się, kręcąc się w tej pozycji wokół własnej osi. [Dymitr] zadawał mu ciosy, chaotycznie mierząc w serce", aż ojciec przestał się ruszać. Gdy Dymitr wyszedł z piwnicy, miał zamiar popełnić samobójstwo. Nie był jednak w stanie wyjaśnić prokuratorowi, dlaczego tego nie zrobił. Jak twierdził tuż po aresztowaniu, „chciał coś pokazać policji".

W jaki sposób zdjął skalp? „Skórę ściągnąłem z całej twarzy – wyjaśniał prokuratorowi. – Zdejmowałem ją w ten sposób, że od środka ją podcinałem i ściągałem. Oczy, podobnie jak nos, zostawiłem w czaszce. (...) Skórę posypałem od wewnątrz solą, aby nie gniła. Swoją twarz i głowę wykleiłem plastrami. Następnie nałożyłem ściągniętą z głowy i twarzy skórę na swoją twarz. Czynności te zajęły mi prawie całą noc, bo jeszcze wcześniej skórę musiałem pozszywać. Ponieważ tego nie planowałem, [to] nie miałem odpowiednich narzędzi. Szyłem zwykłą igłą i nitką".

Badający Dymitra W. psychiatrzy orzekli, że charakteryzuje go ukryta wrogość, niezdolność do empatii, emocjonalny chłód, niska samoocena oraz zaburzenia tożsamości. Za swoje niepowodzenia życiowe wini innych ludzi. Posługuje się mechanizmami obronnymi: projekcją, kompensacją i fantazjowaniem. Zdaniem lekarza przestępczą aktywność Dymitra uaktywniło „bardzo silne uczucie nienawiści, jakie żywił wobec ojca".

Dymitr żył w poczuciu krzywdy i braku miłości. Nie akceptował siebie. Jego zbrodnia mogła być przejawem nieuświadomionej chęci symbolicznego przejęcia roli ojca. Zabójstwo było wymierzone w nielubianą część siebie, miało doprowadzić do przejęcia tych cech ojca, których Dymitr sam nie posiadał: siły, mocy i pewności siebie.

Podczas jednego z przesłuchań Dymitr powiedział: „Ja nie żałuję tego, co zrobiłem. Nie mam w tej sprawie nic więcej do dodania".

3 stycznia 2000 roku policjanci z Wydziału Kryminalnego Komendy Wojewódzkiej Policji w Krakowie złożyli wniosek do miejscowej Prokuratury Okręgowej o przesłuchanie Dymitra W. w sprawie zabójstwa Krystyny S.

17 stycznia 2000 roku sporządzono akt oskarżenia, który trafił do Sądu Okręgowego w Krakowie. W połowie marca odbyła się pierwsza rozprawa. Wyrok zapadł w końcu listopada następnego roku. Sąd Okręgowy skazał Dymitra W. na dwadzieścia pięć

Rysunek Dymitra W. odnaleziony przy zwłokach jego ojca

lat pozbawienia wolności z prawem do przedterminowego zwolnienia nie wcześniej niż po odbyciu dwudziestu lat kary.

Podczas rozprawy Dymitr odmówił odpowiedzi na pytania sądu i stron. W końcu kwietnia 2002 roku sąd apelacyjny pozbawił Dymitra praw publicznych na dziesięć lat, a w pozostałej części zaskarżony wyrok utrzymał w mocy.

– Kilka lat po wyroku Dymitr zwrócił się do polskich władz o zgodę na odbywanie kary w więzieniu na terenie Federacji Rosyjskiej – kończy opowieść Bogdan.

– I pojechał...

Śledczy wykluczyli, by Dymitr W. zabił Krystynę S., a jej szczątki wyrzucił do Wisły.

Latem 1999 roku odbył się pogrzeb studentki. Dokładna data i miejsce pochówku były znane tylko najbliższym. Prowadząca wówczas śledztwo prokuratura nie powiadomiła policji o pogrzebie.

Portret mordercy

3

Z doktorem Maciejem Szaszkiewiczem, emerytowanym pracownikiem krakowskiego Instytutu Ekspertyz Sądowych, spotykam się u niego w domu.

Jest sobotnie wrześniowe popołudnie. Słońce świeci jeszcze wysoko, a liście wirują w porywach ciepłego wiatru. Z przystanku autobusowego do domu doktora trzeba przejść kilkaset metrów. W tle majaczą wysokie bloki, które przypominają o PRL-owskim rodowodzie dzielnicy. Jednak im dalej w osiedle szeregowców, tym spokojniej. Gwar ulicy tu nie dociera.

Rozmawiamy w wypełnionym antykami salonie. Ciszę przerywa jedynie tykanie zegara.

Doktor przyznaje, że sporządzenie profilu psychologicznego sprawcy wymaga dużo pracy i przemyśleń. Sprawę zabójstwa Krystyny S. analizował na bieżąco, ale wtedy, w latach dziewięćdziesiątych, miał za mało danych, by potrzebny do stworzenia profilu proces myślowy przeprowadzić w sposób pełny i dopracować w szczegółach.

– Tę dziewczynę musiał zabić ktoś, kto potencjalnie jest seryjnym zabójcą – zaczyna doktor. – Dokonał on tego czynu pod wpływem silnych i nieuporządkowanych popędów na tle seksualnym. Przypuszczam, że niewątpliwie popęd seksualny był u niego istotny. Po pierwsze, ofiara była kobietą. Po drugie, ten człowiek musiał żyć w nieustannej frustracji seksualnej. Nie mógł w żaden przyjęty w naszej kulturze sposób zaspokoić popędu, doszedł więc do wniosku, że musi to uczynić przemocą. Uznał, że ma prawo wyrwać społeczeństwu to, co mu się jego zdaniem od społeczeństwa należy. Być może doszły jeszcze do tego, bo dużo na to wskazuje, specyficzne fantazje erotyczne.

W przypadku seryjnych zabójców zawsze pojawia się pytanie: czy mamy do czynienia z pierwszą ofiarą danego sprawcy, czy były poprzednie lub następne? Według doktora Szaszkiewicza zabójca studentki na pewno w obszarze przemocy o podłożu seksualnym ewoluował. To niekoniecznie musiała być jego jedyna ofiara. Mogło też być tak, że dopiero podczas zabójstwa po raz pierwszy miał on intensywny kontakt z ciałem kobiety. Nie tylko zabił, ale chciał też w sobie tylko znany sposób wykorzystać zwłoki. Zwykle sprawcy dochodzą do swoich zbrodniczych czynów poprzez inne doświadczenia o podobnej naturze: na przykład przez torturowanie i zabijanie zwierząt. Brutalne czyny nakręcają spiralę przemocy, zaś na końcu łańcucha wydarza się okrutne zabójstwo. Według Szaszkiewicza stopień skomplikowania tego mordu, nasilenie w nim emocji i siła motywacji mogą wskazywać na stopniowe narastanie w sprawcy intencji popełnienia zbrodni.

– Częstotliwość, z jaką sprawcy powtarzają swoje zbrodnie, możemy badać statystycznie – tłumaczy psycholog. – Od pierwszego zdarzenia do następnego upływa prawie rok. Kolejne przychodzi po około sześciu miesiącach. A następne przypadki zdarzają się już zgodnie z indywidualnym kalendarzem przeżyć danego zabójcy. Możliwe, że wszystko zaczęło się w dzieciństwie, kiedy został on skrzywdzony przez dorosłych. Może było to bicie, ale też niezrozumiałe dla dziecka działania o podłożu seksualnym.

– Dlaczego pan tak sądzi?

– Sprawca dokonujący tak okrutnej zbrodni jak zabójstwo i rozkawałkowanie zwłok nie ma w sobie empatii, współczucia ani szacunku dla cierpienia innych – kontynuuje doktor. – Liczy się tylko jego satysfakcja i seksualne spełnienie. Bo żeby zdjąć z ofiary skórę, trzeba przezwyciężyć bariery, których normalnie funkcjonujący człowiek nie byłby w stanie pokonać. Może w jego zachowaniu z różnych powodów, jak traumatyczne przeżycia z przeszłości, jest obecny silny element sadyzmu. Może zaspokaja on swój popęd seksualny tylko wtedy, kiedy zadaje cierpienie. Musi zadawać ból, widzieć, że druga osoba cierpi. Tego typu rozważania sprawcy, „wewnętrzny monolog zabójcy", może doprowadzić nawet do tego, że obcina on części ciała, zdziera skórę ze swojej ofiary. Ale jeszcze bardziej prawdopodobne jest to, że nasz sprawca ma skomplikowaną identyfikację seksualną. W swoim własnym mniemaniu nie do końca wie, czy jest kobietą, czy mężczyzną, i jego tęsknota w połączeniu z zaburzeniami, o których mówiliśmy, mogła doprowadzić do tego, że podjął on decyzję o zdjęciu skóry z ofiary.

A następnie chciał założyć ją na siebie, żeby stać się kobietą.

W mediach często pojawiają się porównania działania sprawcy zabójstwa Krystyny S. do historii opowiedzianej w *Milczeniu owiec* Jonathana Demme'a, filmie zrealizowanym na podstawie książki Thomasa Harrisa, który swoją polską premierę miał 31 grudnia 1991 roku. Siedem lat przed zabójstwem studentki.

W *Milczeniu owiec* widz jest świadkiem prowadzonego przez agentów FBI śledztwa w sprawie seryjnego zabójcy kobiet. Filmowy sprawca zwany „Buffalo Billem" ma kłopot z identyfikacją seksualną. Z niewiadomych powodów nie poddaje się jednak operacji zmiany płci, tylko z fragmentów ciał ofiar szyje sobie skórę kobiety.

Inaczej stało się w przypadku zabójcy Krystyny S. Nie wiemy, dlaczego sprawca wyrzucił jej szczątki. Może chciał na siebie włożyć jej skórę, ale okazało się to niemożliwe? Może miał pomysł, aby nałożyć tę skórę na manekin i w ten sposób stworzyć sobie namiastkę partnerki seksualnej?

– Wyrzucił, bo może ona się zaczęła psuć... – zastanawia się doktor Szaszkiewicz. – A on nie potrafił zatrzymać tego procesu... Bo przecież coś, co ulega biologicznej degradacji, może sprawcom już nie przynosić satysfakcji seksualnej. Nie żyje, nie wydziela ciepła, jest martwe. Fakt, że szczątki dziewczyny zostały wyrzucone do Wisły, może wskazywać na to, że sprawca mieszkał lub mieszka niedaleko od miejsca wyrzucenia zwłok. Ludzie żyjący nad rzeką często traktują ją jak śmietnik. Przy pomocy wody mogą pozbyć się niepotrzebnego balastu. Myślą sobie: „wyrzucę to do rzeki i zapomnę”. W ich pojęciu rzeka jest czymś, co zabiera na zawsze. I tak mogło być u naszego sprawcy.

Ale sam fakt zdjęcia skóry z ciała ofiary jest niezwykle istotny, bo to zabieg niesłychanie dla sprawcy trudny z powodów psychologicznych. Według doktora Szaszkiewicza wymaga to przełamania silnych oporów wewnętrznych, opanowania techniki i sporej cierpliwości. Bo znacznie łatwiej byłoby na przykład rozciąć skórę i po prostu wydobyć wnętrze ciała, kościec i strukturę mięśniową, niż zrobić to, co udało się sprawcy tej makabrycznej zbrodni.

Fragment ogłoszenia prasowego dotyczącego zaginięcia dwudziestotrzyletniej studentki z Krakowa

Czy w takim razie zabójca Krystyny S. jest zorganizowanym przestępcą?

– Myślę, że to typ mieszany – odpowiada Szaszkiewicz. – Ze wskazaniem, że jest w dużej mierze dobrze zorganizowany. W żargonie profilerskim dzielimy zabójców na zorganizowanych i zdezorganizowanych. On miał trochę cech osoby zdezorganizowanej, co wskazuje na zaburzenia psychiczne, które powodują trudności przystosowawcze i komplikacje w życiu. Z drugiej strony zrobił to na tyle precyzyjnie, na tyle dokładnie, że wygląda to, jakby postępował według dobrze przemyślanego scenariusza mającego źródło w jego fantazjach. To są z kolei przejawy dość dobrej organizacji. Najprawdopodobniej jest to więc przypadek typu mieszanego. Pewne sfery jego osobowości są zakłócone, zaburzone i nie pozwalają mu normalnie funkcjonować, a inne dość dobrze funkcjonują.

Jeśli przez tyle lat sprawca pozostawał nieuchwytny, musi być człowiekiem ostrożnym. Potrafi się dobrze kamuflować.

– I jest jeszcze kwestia bohatera filmu *Milczenie owiec* – dodaje z uśmiechem doktor Szaszkiewicz. – Nasz sprawca był prawdopodobnie zafascynowany postacią ekranowego zabójcy, a może nawet chciał go przewyższyć, dlatego usiłował zdjąć skórę ze swojej ofiary w całości. I prawie mu się to udało. Chciał zrobić coś, czego nie próbował zrobić nawet bohater *Milczenia owiec*. Jest to niesłychanie trudne technicznie, mimo to podjął się tego zadania. Rozmawiałem na ten temat z medykami sądowymi i oni przyznali mi rację. Stąd możemy wnioskować, że sprawca miał do czynienia z garbowaniem skór albo z inną profesją związaną z oprawianiem, może wypychaniem zwierząt.

Doktor Szaszkiewicz zwraca jeszcze uwagę, że miejsce, w którym znaleziono szczątki, mogło nie być przypadkowe. Zabłocie kojarzy się z garbarniami, które kiedyś tam funkcjonowały.

Jak możemy opisać sprawcę?

– Jest to człowiek inteligentny, silnie egocentryczny, dąży do zaspokajania potrzeb za wszelką cenę, nawet kosztem innych – wylicza doktor Szaszkiewicz. – Prawdopodobnie jest mężczyzną średniego wzrostu, zbliżonym parametrami fizycznymi do ofiary.

– Dlaczego?

– Próbował zakładać zdjętą z ofiary skórę na siebie. Być może sprawdzał, czy ona na niego pasuje. Powodowały nim zaburzone popędy. Przede wszystkim agresja i długotrwała frustracja seksualna. Po dłuższym czasie niemożności nawiązania normalnych relacji z ludźmi doszedł do wniosku, że jest coś niesprawiedliwego w tym, że tak właśnie się dzieje. I postanowił to radykalnie zmienić.

Charakterystycznym dla seryjnych zabójców seksualnych zjawiskiem jest poprzedzające zbrodnię fantazjowanie.

– Zwykle w tych fantazjach pojawiają się treści agresywnej dominacji oraz przemocy – tłumaczy psycholog. – Wizje tortur, nawet zabójstw. To może trwać długo. Dokonane zabójstwo jest tylko realizacją tego, co już wcześniej spełniło się w głowie sprawcy, w jego myślach powtarzanych codziennie, rozwijanych, przerabianych, dostosowywanych do nastroju. W głowie sprawcy powstaje scenariusz, którego jest jedynym autorem i który może zrealizować tylko on sam. Ofiara jest tylko przedmiotem fantazji. Podczas zabójstwa nic się nie zmienia poza tym, że wszystko dzieje się naprawdę. Ofiara jest uprzedmiotawiana, dokładnie jak w fantazjach.

Doktor Szaszkiewcz twierdzi, że sprawcy seryjnych zabójstw seksualnych porównują swoje działania z innymi znanymi sobie przypadkami. Starają się w krwawym rzemiośle doskonalić.

– Być może nasz sprawca doszedł do wniosku, że on zdejmie ze swojej ofiary skórę w całości, nie w kawałkach – zastanawia się doktor. – Stąd możemy wnioskować, że może mieć podobną budowę ciała co dziewczyna. Może w takim razie ofiara nie była całkiem przypadkowa. Może długo czekał, aż spotka osobę, która będzie odpowiadała właściwym parametrom. To może też świadczyć o poważnych zaburzeniach psychicznych sprawcy. Ale to już są jednak bardzo daleko idące wnioski, wynikające z zawiłości rozmaitych emocjonalnych zakłóceń w życiu takiego człowieka.

Jaki możliwy przebieg miała zbrodnia?

Według psychologa sprawca wcześniej fantazjował, co zrobi z ciałem ofiary. Mógł nawet zaspokajać popęd seksualny z ofiarą przed jej zamordowaniem. Następnie próbował się w nią wcielić. Stać się nią. Stać się kobietą.

– On nie ma wyraźnej identyfikacji płciowej – powtarza doktor. – W swoim własnym mniemaniu jest po trosze kobietą, po trosze mężczyzną.

Nie wiadomo, czy sprawca ma na sumieniu inne ofiary. Nie wiadomo też, czy popełnił inny naładowany seksualną frustracją czyn przed zamordowaniem Krystyny S. Na pewno brutalne zabójstwo studentki było apogeum jego działań. Było przeżyciem granicznym.

Niektórzy sprawcy poprzestają na jednym zabójstwie, gdyż ich fantazje w zderzeniu z rzeczywistością nie przynoszą im oczekiwanej satysfakcji. Mogą wtedy nie podejmować więcej podobnych prób w przyszłości. Mogą uciec w nałogi: alkohol, narkotyki lub w religię. Kryminalistyka zna dużo takich przypadków.

– Tym razem frustracja powstrzymuje przed eskalacją – opowiada Szaszkiewicz. – Bo nic z tego, co sprawca sobie zamyślił, o czym zamarzył, się nie spełniło, przyniosło tylko chwilę spełnienia. Potem przyszła świadomość, że nie było warto. Ludzie generalnie mają tendencję do powtarzania rzeczy, które im się udają, a unikają powtarzania tego, co im nie wychodzi.

Do dziś nie wiadomo, co stało się z resztą ciała Krystyny S. Według Szaszkiewicza sprawcy chodziło wyłącznie o szczątki, które później wyrzucił do Wisły.

– Nigdy do końca nie wiemy, co siedzi w głowie takiego człowieka – dodaje doktor. – On musiał w którymś momencie zrozumieć, że to, co zrobił, nie zmieniło i nigdy nie zmieni go w kobietę. Szybko się zorientował, że nie tędy droga. Możliwe, że ktoś go nakrył i zaczął coś podejrzewać. Jedno jest pewne: sprawca z jakiegoś powodu szybko pozbył się ciała ofiary.

Czy Dymitr W., ojcobójca z podkrakowskiej wioski, mógł zabić Krystynę S.?

Doktor Szaszkiewicz nie ma wątpliwości, że w przypadku Dymitra zbrodnia miała podłoże zemsty rodzinnej. A w przypadku studentki sprawca kierował się motywami seksualnymi.

Fragment jednej ze stron notatników Dymitra W. zabezpieczonych podczas przeszukania miejsca zbrodni

– To dwa zupełnie inne zabójstwa – ucina psycholog. – I dwaj różni sprawcy. Na pewnym etapie śledztwa sprawdzano wątek Dymitra jako ewentualnego zabójcy studentki, ale bardzo szybko zweryfikowano go negatywnie.

Obydwa zabójstwa łączy czas – zaledwie sześć miesięcy mija pomiędzy zniknięciem i zabójstwem Krystyny S. a zbrodnią popełnioną przez Dymitra W. Łączy je też okoliczność zdjęcia skóry oraz zdjęcia skalpu. Jednak według doktora Szaszkiewicza rozbieżne konteksty obu zbrodni nie dają powodów, by łączyć te dwa zabójstwa z osobą jednego sprawcy.

Według psychologa profilowanie, czyli sporządzenie portretu czy też profilu psychologicznego nieznanego zabójcy, jest sprawą skomplikowaną. Wymaga pracy, analiz i pozyskania rozmaitych danych. Analiza i profil sprawcy stają się przydatne, gdy standardowe metody śledcze nie przynoszą rezultatu. Profilowanie opiera się na trzech filarach: danych dotyczących ofiar, danych dotyczących miejsca zdarzenia i znalezionych tam śladów oraz analizy czasu. Chodzi o określenie, kiedy sprawca podjął decyzję o popełnieniu czynu oraz o czas jej wykonania. Niektórym sprawcom przygotowanie się do zabójstwa zabiera tygodnie, a innym decyzja zajmuje ułamki sekund.

Dopiero te szczegóły dają podstawę do próby zrekonstruowania, co właściwie mogło się zdarzyć. I kim jest sprawca.

– Wychodzimy z założenia, że skoro na początku nic o sprawcy nie wiemy, analizujemy wszystkie posiadane informacje w nadziei, że w nich odnajdziemy informacje o człowieku – wyjaśnia Szaszkiewicz. – Na przykład zastanawiamy się, dlaczego akurat ta osoba została ofiarą. To już punkt wyjścia do hipotezy. Im więcej o ofierze wiemy, tym więcej hipotez możemy stawiać.

To ważne również w analizie motywacji sprawcy.

– Odpowiedzi na cząstkowe pytania wiążą się ze wspomnianymi trzema grupami danych i pozwalają generować hipotezy dotyczące sprawcy – tłumaczy psycholog. – Jak do tego dodamy wiedzę psychologiczną o mechanizmach zachowań człowieka w różnych sytuacjach, zwłaszcza w sytuacjach o wysokim napięciu emocjonalnym, o mechanizmach zachowania się agresywnych przestępców, to wszystko razem pozwala nam w miarę precyzyjnie zweryfikować wiele hipotez.

Tak w skrócie wygląda proces profilowania, pozwalający wskazywać najbardziej prawdopodobne cechy sprawcy. Z tym że to zawsze będą cechy przyjęte z pewnym prawdopodobieństwem, hipotetyczne. Mogą one zawęzić liczbę podejrzanych, których sprawa dotyczy. Nigdy jednak nie wskażą konkretnego człowieka.

– Wiemy, że niektórzy sprawcy na tle seksualnym zabierają z miejsc zabójstw trofea, zaś inni pamiątki – kontynuuje doktor Szaszkiewicz. – Trofea

Jeden
z rysunków
Dymitra W.

to zazwyczaj przedmioty, które da się kolekcjonować: biżuteria, elementy odzieży, często bielizna. Ma to podobną funkcję do, przepraszam za porównanie, kolekcji poroży w domu myśliwego. Często na seryjnych zabójców mówi się zresztą: „polujący myśliwi". Inni zabójcy zbierają pamiątki niemające żadnej wartości: guziki, bilety autobusowe lub tramwajowe, kawałek czekolady... Mówię o przypadkach, które pamiętam z moich kontaktów ze sprawami seryjnych zabójstw. W wypadku zabójstwa Krystyny S. chyba nie było takiego trofeum czy pamiątki. Myślę, że najważniejsze było ciało ofiary, a przynajmniej jego części. To skóra była trofeum. Mówimy przenośnie „wejść w czyjąś skórę". Ja sam mówię czasem, że „staram się wejść w skórę zabójcy", żeby się zorientować, co go denerwuje, a co pociąga, po to, by lepiej zrozumieć jego zachowanie w chwili popełnienia czynu. Natomiast sprawca zrozumiał to wyrażenie najdosłowniej, jak tylko można: chciał zdjąć w całości skórę z ofiary, założyć ją na siebie, poczuć się kobietą. To też jest oczywiście hipoteza, ale moim zdaniem bardzo prawdopodobna.

W przypadku Dymitra W. wszystko wskazuje na to, że działał on z pobudek czysto osobistych, z zemsty.

– On po prostu wykonał wyrok – kwituje Szaszkiewicz. – To, co zrobił z ciałem ojca, jest zaskakujące. Widocznie w jego głowie motywacja posunęła się poza granice normalności. Co nie znaczy, że Dymitr W. jest chory psychicznie. Ale pomysł, który zrealizował, jest z jednej strony przerażający, a z drugiej zaskakująco logiczny. Zdjął skórę z odciętej głowy ojca. Założył ją na siebie, by w oczach dziadka ujść za jego syna, czyli swojego ojca. Włożył jego ubranie, kapelusz, szalik i starał się nawet mówić i zachowywać tak, by niedowidzący dziadek nie połapał się, że ma do czynienia z wnukiem. Ta okrutna logika z jednej strony zaskakuje zdumiewającą precyzją, a z drugiej obezwładnia dziwactwem. I okrucieństwem.

Pręt

4

– Najczęściej sprawca bądź sprawcy ukrywają lub porzucają ciało, a do jego ujawnienia dochodzi przypadkowo – zaczyna Bogdan.

– Tego miejsca już nie ma – dodaje Mariusz. – Stoją tam teraz bloki, niedaleko jest Tauron Arena.

W policyjnej notatce odnajduję więcej szczegółów. „W dniu 2 lipca 2001 roku o godzinie 20.15 z polecenia dyżurnego udałem się na ogródki działkowe przy alei Pokoju, gdzie miał znajdować się mężczyzna, który ujawnił zwłoki. Kazimierz R. wskazał nam ogródek działkowy, na którego obrzeżu znajdowały się zwłoki człowieka, które uległy rozkładowi”.

Kazimierz R., który odnalazł ciało, nie był właścicielem działki od blisko dwóch lat, przyjeżdżał jednak czasem, żeby zebrać owoce. Tak było i tym razem. Uderzył go „bardzo silny zapach psującej się padliny”. Zaczął szukać źródła smrodu. W podpiwniczeniu zrujnowanej altany, pod zwałami blachy i folii, odnalazł ciało ułożone na prawym boku, skulone. Zadzwonił po policję. Na miejsce pojechały pogotowie, prokurator i ekipa dochodzeniowo-śledcza.

– W tym przypadku miejsce znalezienia zwłok prawdopodobnie było też miejscem śmierci tego człowieka – mówi Mariusz.

– W tej sprawie dużo z pozoru przypadkowych elementów dopiero w finale ułożyło się w całość i pozwoliło na rozwiązanie tajemnicy – ożywia się Bogdan.

Funkcjonariusze policji z prokuratorem przy wejściu na teren działki, gdzie znaleziono zwłoki

Ruiny altany, w której leżały zwłoki

Nie było wiadomo, kim jest ofiara. Mężczyzna nie miał przy sobie dokumentów, portfela, karty kredytowej. Standardową procedurą w takich przypadkach jest przejrzenie kartotek osób zaginionych. W teczkach spraw poszukiwawczych znajdują

zdjęcia, adresy zaginionych, informacje o ich rodzinach. Ale nie tym razem.

– Nie mieliśmy żadnych informacji, które mogły nas naprowadzić na ślad osoby, której szczątki znaleziono na działkach przy alei Pokoju – mówi Mariusz.

– Zupełnie przypadkowo – mówi z uśmiechem Bogdan – na polecenie naczelnika znalazłem się na sali sekcyjnej Zakładu Medycyny Sądowej w Krakowie. Pamiętam, że przed wejściem pracownicy prosektorium mówili do mnie: „Panie Bogusiu, weź pan fartuch, bo tam robaki skaczą na półtora metra". Rzeczywiście ciało było w silnym rozkładzie. Był przecież początek lipca. Kiedy ich spytałem o przyczynę śmierci, usłyszałem: „Nie znaleźliśmy nic. Zgon naturalny". Pierwsza sekcja nic nie wykazała, bo tkanki miękkie były już w szczątkowej formie. Widać było tylko duże fragmenty kości i czaszkę. Na pierwszy rzut oka nie można było stwierdzić żadnego działania osób trzecich, bo tak to się ładnie w naszym slangu nazywa.

– Inaczej: brak cech przestępstwa – kwituje Mariusz.

Sprawa została umorzona, a szczątki opisane jako NN trafiły na przechowanie do krakowskiego Zakładu Medycyny Sądowej.

– Dwa lata później usłyszeliśmy o sprawie, w której bezdomny zabił innego bezdomnego – opowiada dalej Bogdan. – W półświatku było już o niej od jakiegoś czasu głośno. Kiedyś środowisko bezdomnych było naprawdę hermetyczne. Ci ludzie, bez stałego miejsca zamieszkania, bez pracy, często posługiwali się kradzionymi dowodami osobistymi, pseudonimami. Kilkanaście lat temu coś się jednak zmieniło: bezdomni zaczęli używać telefonów komórkowych.

– Nawet jak taki zawodnik nie miał butów czy kurtki, to komórkę miał często na przyzwoitym poziomie – przyznaje Mariusz.

– To aparaty na karty – kontynuuje Bogdan. – Nie trzeba ich było wtedy rejestrować, więc użytkownik pozostawał anonimowy. Jego numer znała rodzina, konkubina i paru kumpli.

– Ale na pewno nie organy ścigania – śmieje się Mariusz.

W środowisku mnożyły się niepotwierdzone informacje o rzekomym zabójstwie. Policjanci nie znali jednak żadnych szczegółów: kto zabił, kim była ofiara, gdzie to się stało i w jaki sposób.

– Zastosowaliśmy metodę – wspomina Bogdan – znaną myśliwym już w starożytności. Poszliśmy do jednego z MOPS-ów[6] i wyłapywaliśmy interesujących nas ludzi, którzy przychodzili tam po pieniądze albo talony do barów mlecznych. Nie moglibyśmy wezwać ich na komendę, ich adresy były przecież nieaktualne. A tak po prostu to my czekaliśmy na nich.

– I się udało – przyznaje Mariusz. – Ale to było nasze pierwsze śledztwo w środowisku bezdomnych[7] i trochę czasu nas ta operacja kosztowała.

Ze szczątkowych relacji zaczął wyłaniać się scenariusz zbrodni, a policjanci raz jeszcze pojechali na teren działek przy alei Pokoju. Szukali zwłok.

– Pamiętam, że kiedy wróciliśmy do służbowego poloneza, grupa miejscowych bezdomnych już go zaczęła rozkręcać – opowiada Bogdan. – Powiedziałem wtedy do Mariusza, że wszystko kradną, ale nie kradną chyba zwłok. Bo żadnych zwłok nie znaleźliśmy.

– Zgodziłem się wtedy z tobą...

– W samochodzie, kiedy wracaliśmy na komendę, doznałem olśnienia – uśmiecha się Bogdan. – Przypomniałem sobie o sekcji sprzed dwóch lat. Pobiegłem do komputera. To było to! Wtedy nie wiedziałem do końca, po co jadę na tę sekcję. Kilkanaście miesięcy później okazało się, że bez mojej obecności w Zakładzie Medycyny Sądowej sprawa Niemca mogłaby nigdy nie zostać rozwiązana.

Jako jedna z pierwszych w prowadzonym na nowo śledztwie złożyła zeznania bezdomna o pseudonimie Mała.

> W chwili obecnej trudnię się prostytucją uliczną i stoję na Placu Biskupim i na Przylasku w Nowej Hucie – zeznała. – Aktualnie żyję w konkubinacie z Kortezem, to jest Dariuszem C., aktualnie

zamieszkałym w noclegowni na Prokocimiu. Ja w przeszłości byłam mężatką. Mąż mój został znaleziony powieszony na murze klasztornym w centrum Tarnowa.

Mała wiązała się z różnymi mężczyznami. W połowie 1999 roku poznała Leszka P. o pseudonimie Niemiec. Szybko zostali parą. Mieszkali na działkach na krakowskim Dąbiu.

W tej altanie dokładnie mieszkałam z Leszkiem P. trzy lub cztery dni – kontynuowała Mała. – Pamiętam, że właśnie razem poszliśmy w Sylwestra na Dworzec [Główny], skąd mieliśmy się udać na Rynek Główny, ale Leszek wybił [na dworcu] szybę w poczekalni i został zatrzymany przez policję. Ja po tym zatrzymaniu poszłam mieszkać do znajomego.

Wkrótce Mała wyjechała do Warszawy i po kilku miesiącach wróciła. Niemca spotykała po powrocie kilkakrotnie, ale nie byli już parą. Opisała go jako mężczyznę niskiego, pod czterdziestkę. Jak zauważyła: „był wychudzony, włosy [miał] czarne, krótko ostrzyżone na jeżyka, twarz szczupła, wysunięta do przodu. Miał tatuaże: na nodze lewej miał wytatuowaną postać kobiety, a na lewym przedramieniu miał niedokończoną różę”.

W końcu 2001 roku Mała dowiedziała się od jednej z prostytutek, że Niemiec nie żyje. Gdy mieszkała w poniemieckim bunkrze w Czyżynach, od jednego ze współlokatorów usłyszała opowieść o tym, w jaki sposób Niemiec zginął.

Marek opowiedział mi następującą historię – zeznała. – Mianowicie chyba Marek zaprowadził swojego kolegę o pseudonimie Kolor, również bezdomnego, do Leszka pseudonim Niemiec na te działki na Dąbiu w Krakowie. Kolor był w towarzystwie swojej dziewczyny, Luizy S. [pseudonim: Lucy] i w towarzystwie [jeszcze jakiegoś chłopaka]. Oni zaczęli spożywać alkohol i w trakcie tego [balowania] Niemiec powiedział, że «tę czarną kurwę to by chętnie przeleciał». Chodziło mu o Lucy. Niemiec nie wiedział, że to dziewczyna Kolora. Po tych słowach Kolor zaczął się bić z Leszkiem pseudonim Niemiec. W pewnym momencie Kolor miał wziąć rurkę albo pręt i miał wydłubać oko Niemcowi i miał tego wydłubania dokonać, zanim umarł Niemiec. Potem, z tego co powiedział mi Marek, mieli wziąć ciało Niemca do jakiejś piwnicy. (...) Mnie ta opowieść zaskoczyła. Powiedziałam tylko [do Marka], myśląc o Kolorze, że taki ktoś jeżeli dokonał tego po pijanemu, to może [to samo] zrobić na trzeźwo i w obecności innych osób.

– To metalowy pręt był kluczem do tej sprawy – mówi Bogdan. – Był wymieniony wśród kilkunastu przedmiotów znalezionych ze zwłokami niedaleko altany na Dąbiu. Kto by pomyślał, że będzie miał takie znaczenie.

Policjanci docierali do kolejnych świadków zbrodni na działce, między innymi do siedemnastoletniej Suni, czyli Katarzyny U.

Będąc na ucieczce z pogotowia opiekuńczego w B., poznałam na terenie Warszawy Luizę [S.] pseudonim Lucy oraz jej chłopaka pseudonim Kolor, o imieniu Paweł – powiedziała policjantom. – (...) Spotkaliśmy się w zrujnowanej kamienicy zajmowanej przez bezdomnych punkowców przy ulicy Spokojnej.

Lucy i Sunia zaprzyjaźniły się.

Wejście na teren działki, gdzie ujawniono zwłoki mężczyzny

– To był początek tej historii – uśmiecha się Mariusz.

Nie jestem w stanie sobie przypomnieć, po jakim czasie przyjechaliśmy do Krakowa, [a] przyjechaliśmy we trójkę – kontynuowała dziewczyna. – Najpierw byliśmy u znajomego Lucy, który mieszka w Krakowie, było to na Bieżanowie, koło baru chyba «Rancho». Nie pamiętam imienia ani też nazwiska tego mężczyzny. (...) To miejsce musieliśmy opuścić, gdyż wraz z Kolorem chcieliśmy po pijaku okraść ten bar. W rezultacie było prowadzone postępowanie na komisariacie w Bieżanowie, [a] właścicielka baru rozpoznała mnie.

Dziewczyna została zatrzymana w pogotowiu opiekuńczym. Kolor pozostał na wolności. Po kilku dniach Sunia uciekła.

Ponownie spotkałam Lucy i Kolora na Rynku Głównym. Oni mieszkali na działkach w opuszczonej altanie. Pojechałam [tam] z nimi. (...) Mieszkaliśmy we trójkę. Około miesiąca, półtorej miesiąca później po sprawie z barem [«Rancho»] miało miejsce to zdarzenie. Miesiąca nie pamiętam, była zima, na dworze leżał śnieg. W trójkę rano pojechaliśmy na Rynek.

Tam spotkali kilka osób, z którymi pili nalewki. Wśród nich był Hirek i Niemiec. Wieczorem postanowili wrócić na działki. Jechali w piątkę: Lucy, Sunia, Kolor, Hirek i Niemiec. Wsiedli do tramwaju do Nowej Huty.

Już w tramwaju Niemiec zaczął się przytulać i obmacywać Lucy, [bo] ona się mu spodobała – zeznawała dalej Sunia. – Kolor tego nie widział, [a] Lucy powiedziała mu, że Niemiec to robi. Kolor powiedział [do niej], aby nie przyznawała się [Niemcowi], że są razem.

Dojechali na miejsce i wypili cztery nalewki.

– Początek nie zapowiadał jeszcze niczego złego – mówi Bogdan. – Alkohol, impreza, kilku znajomych. Nic specjalnego.

– Ale w takim towarzystwie niczego nie można być pewnym – kręci głową Mariusz.

– Tak – przyznaje Bogdan. – Pamiętam, że w czasie innego śledztwa dotyczącego środowiska bezdomnych jeden z nich przesłuchiwany przez prokuratora wyznał, że „u nas codziennie jest Woodstock".

Oni opuścili altankę. Przez okno ja i Lucy obserwowałyśmy, co się dzieje. Widziałam po [ich] wyjściu [z altany], jak Kolor uderzył go w twarz ręką, [a] Niemiec upadł. Potem obaj z Hirkiem zaczęli go kopać. Nie jestem w stanie powiedzieć, jak [Niemiec] leżał i po czym go kopali. Nie jestem w stanie powiedzieć, ile [czasu] go kopali – kończy zeznania Sunia.

– Mieliśmy świadka – kwituje Bogdan.

– Musieliśmy jeszcze porozmawiać z drugą uczestniczką imprezy – dodaje Mariusz.

Lucy potwierdziła zeznania Suni. Utrzymywała, że nie widziała, jak Kolor z Hirkiem bili Niemca. Widziała tylko, jak dwaj mężczyźni wrócili do altany w zakrwawionych ubraniach.

> Ja nie wiem, ile czasu minęło – zeznawała Lucy. – Mogło to być pół godziny, mogła to być godzina, ja jak jestem pijana, to nie liczę czasu. Przybiegli Kolor i Hirek z tymi ubraniami. Mieli ze sobą jakieś ubranie. (...) Ja wrzuciłam to do kominka, bo mi kazali to spalić. To się tam spaliło w kominku. Były jeszcze buty. Też je spaliłam w kominku.

Lucy wyznała prokuratorowi, że po zniknięciu Niemca Kolor powiedział, że mają „siedzieć cicho". Straszył też, że „łby [im] poukręca", a „jak pójdzie siedzieć, to nas pociągnie za sobą".

Wkrótce po złożeniu zeznań przez Sunię i Lucy na Dworcu Głównym w Krakowie zatrzymano Hirka. Był 1 listopada 2003 roku. Hirek przyznał, że „wie, o co chodzi", ale liczył na to, że „po takim czasie ta sprawa nie wyjdzie na światło dzienne".

– Mylił się – uśmiecha się Mariusz. – Zaskoczył nas jednak swoją szczerością.

– Może to były wyrzuty sumienia? – zastanawia się Bogdan. – Kiedy przedstawiamy komuś zarzut popełnienia zabójstwa, zwykle słyszymy, że człowiek zarzut rozumie, ale jak to się ładnie formułuje w protokołach: „nie przyznaje się do popełnienia zarzucanego mu czynu".

W przypadku śmierci Niemca stało się inaczej.

Pamiętam dokładnie to zdarzenie – zeznał Hirek. – Było to 1 lutego 2001 roku, data ta utkwiła mi w pamięci. Było zimno, mróz, na ziemi leżał śnieg. To pamiętam, ponieważ po Niemcu zostało na śniegu trochę krwi. Jeszcze pomyślałem, że jak nie spadnie deszcz, to leżymy. [Zacznę jednak od początku]. W grudniu 2000 roku wyszedłem z Zakładu Karnego w T., gdzie odbywałem karę 12 miesięcy pozbawienia wolności za kradzież rowerów. Od tego czasu plątałem się po Krakowie, po dworcach. Któregoś dnia spotkałem Lucy, nie znam jej nazwiska. (...) Spotkaliśmy się na herbacie u księży. Trochę byłem zdziwiony, że akurat znajduje się ona w takim miejscu, ale pogadaliśmy chwileczkę i dowiedziałem się, że ojciec wygonił ją z domu. Wtedy przez Lucy poznałem Kolora, (...) nie wiem, skąd on pochodzi.

Nie widzieli się kilka dni, bo – jak się wyraził Hirek – „ja chodziłem swoimi ścieżkami, oni swoimi".

– Tak zaczęliśmy poznawać świat podziemnego Krakowa – zaczyna Bogdan. – To jest zupełnie inne życie, inni ludzie. Obowiązują tam bandyckie reguły:

kto silniejszy, ten rządzi. Kto słabszy, jest bity, okradany, czasami zabijany.

– Witajcie w dżungli – uśmiecha się krzywo Mariusz.

– Ludzie z różnych powodów trafiali na bruk – mówi Bogdan. – Czasami wbrew własnym wyborom życiowym. Ktoś źle zainwestował, ktoś stracił pracę albo się rozwiódł i zaczął pić. To może przytrafić się każdemu. Wtedy albo masz siłę, żeby się mierzyć z życiem, albo odpuszczasz i trafiasz na dno. Świat bezdomnych, alfonsów, prostytutek, złodziei i recydywistów to jest państwo w państwie. Tam nie ma miejsca na litość czy miłosierdzie. Karą za kradzież wózka do zbierania złomu jest śmierć. Za odbicie kobiety to samo. Przetrwasz albo zginiesz.

Gdzieś chyba po tygodniu [od naszej rozmowy] spotkaliśmy się na Rynku [Głównym] w Krakowie pod Ratuszem – kontynuował swoją opowieść Hirek. – Czekałem tam na kolegę. Spotkałem tam Kolora, Lucy i Sunię. Oni zaproponowali mi, abym z nimi jechał na działki. Był jeszcze z nimi jeden mężczyzna pseudonim Niemiec. Widziałem go pierwszy raz w życiu i ostatni. Kolor powiedział, abym jechał z nimi, gdyż Niemiec podrywa Sunię, a ja miałem być jako chłopak Suni, a Niemiec miał odejść z tego towarzystwa. Kolor [jeszcze] pod Ratuszem powiedział [mi], że jak Niemiec nie odejdzie, to się mu wpierdoli. Poszliśmy w kierunku

Poczty Głównej i wsiedliśmy w tramwaj numer 1. Pojechaliśmy w stronę działek, ulicy nie znam. Obok tych działek była wielka budowa, był rów i postawione duże fundamenty.

Lucy weszła do altany, reszta została na zewnątrz. Wtedy Niemiec dostał cios w twarz od Kolora. Upadł na kolana i zaczął zasłaniać się rękami.

Potem we troje, to jest Kolor, ja i Sunia, zaczęliśmy go kopać po całym ciele, głowie. Przewrócił się na ziemię, [a] my kopaliśmy go dalej. (...) Niemiec nie stracił przytomności, ale leżał spokojnie na śniegu. Wszystko go bolało. Dostał [od nas] mocno. Nie ruszał się, prosił, aby go nie bić. Został na zewnątrz. My poszliśmy do domku, rozpaliliśmy w piecu. To działo się niedaleko domku, parę metrów od niego. Gdy byliśmy w środku, Kolor mówi do mnie tak: «zajebiemy skurwysyna». Ja powiedziałem: «po co go będziesz zabijał? Dostał lanie, to już chyba wystarczy». Ponownie wyszliśmy z domku. Niemiec leżał w tym samym miejscu, nie ruszał się, był przytomny. Nic jednak nie mówił. (...) Kolor powiedział [do mnie i do Suni], że trzeba go rozebrać. Ja na to, że przecież jest zima, to gość się wykończy. Mówię: «kurwa, on tu zamarznie», [ale] ja, Kolor i Sunia rozebraliśmy go. Lucy była w domku, ona nie brała w tym udziału.

Rzeczy Niemca zostały spalone. Hirek próbował przekonać Kolora, że Niemca trzeba zabrać do środka, bo w przeciwnym razie może zamarznąć i umrzeć. Wtedy Kolor powiedział: „zajebiemy chuja”.

Miałem nadzieję, że to żart z jego strony – mówił dalej Hirek. – Wyszliśmy przed domek we dwóch, Sunia została z Lucy w środku. Kolor, nie wiem skąd, wziął kawał [metalowego] pręta i wbił [go] Niemcowi w prawe oko. Niemiec wtedy leżał na plecach i coś tam jeszcze charczał. Pamiętam, że Kolor wbił mu dokładnie ten pręt w prawe oko. Wbił i wyciągnął.

Następnego dnia Kolor z Hirkiem poszli do ruin altany, gdzie wcześniej porzucili zwłoki Niemca. Doszli do wniosku, że pobity przez nich mężczyzna nie miał prawa przeżyć. Nie dotykali ciała. Przykryli je eternitem i folią i wrócili do dziewczyn.

Początkowo zamierzali uciekać za granicę, ale nic z tego nie wyszło. Po trzech tygodniach rozstali się. Hirek włóczył się po Krakowie, potem znalazł pracę i dach nad głową. Wreszcie wpadł w ręce policji. Kiedy okazano mu zdjęcia Niemca, odpowiedział: „nie kojarzę tego mężczyzny. Nie jestem w stanie powiedzieć, czy to jest ten Niemiec. Jego twarzy [już] nie pamiętam. To wszystko, co mam do powiedzenia [w tej sprawie]”.

– Pozostała nam jeszcze konfrontacja wyjaśnień Hirka z zeznaniami Suni, która twierdziła, że była w altance i nie była świadkiem zabicia Niemca – opowiada Bogdan. – I dotarcie do Kolora.

– To nie było trudne – wtrąca Mariusz. – Kolor przebywał w tym czasie w areszcie śledczym.

– Pamiętam, że pojechaliśmy tam we dwójkę z jeszcze jednym kolegą z naszego zespołu – zaczyna Bogdan. – Spotkaliśmy się w pokoju wychowawców. Kolor był recydywistą. Wiedział, jakie ma prawa i jak z nami grać. Najpierw chcieliśmy przesłuchać jego kolegę z Berzy[8]. Facet był duży, łysy, brodaty i wytatuowany, natychmiast zaczął na nas krzyczeć. Zrugał nas, że teraz jest pora obiadu i nikt nie będzie nikogo przesłuchiwał. Kiedy Kolor przyszedł do nas po obiedzie, nie przyznał się do zabójstwa Niemca i odmówił składania wyjaśnień. W tej sytuacji postanowiliśmy sprawdzić wiarygodność tego, co powiedział nam Hirek, i zweryfikować mechanizm zadania śmierci.

Biegły z krakowskiego Instytutu Ekspertyz Sądowych na podstawie czaszki wykonał trójwymiarową rekonstrukcję śmiertelnego ciosu prętem. Podobne badania wykonał krakowski Zakład Medycyny Sądowej.

– I wszystko zaczęło się układać – kiwa głową Bogdan. – Pozostał jeden problem: nie została potwierdzona tożsamość Niemca.

Biegli stwierdzili, że badanie pobranych ze zwłok włosów „może być obciążone błędem z uwagi na daleko posunięte zmiany gnilne”, dlatego do badań porównawczych wykorzystano fragment trzonu kości udowej. Badania porównawcze DNA z materiałem pobranym od Janiny S., matki Niemca, potwierdziły pokrewieństwo i tożsamość ofiary. Jak się okazało, Niemiec miał zwyczaj podawać organom ścigania dane jednego ze swoich krewnych, tak że mandaty i grzywny szły na konto kuzyna. Korespondencja

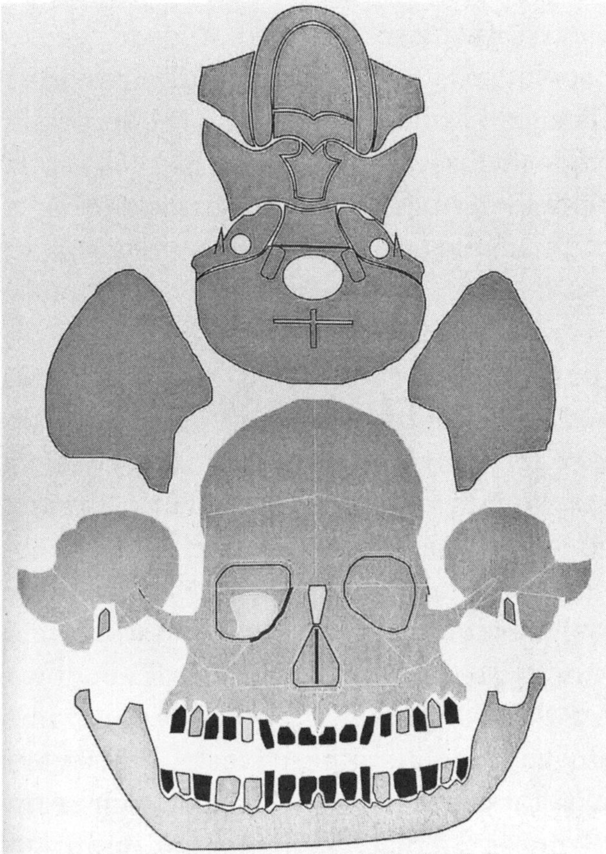

Trójwymiarowa rekonstrukcja czaszki Niemca wykonana w krakowskim Instytucie Ekspertyz Sądowych im. prof. dra Jana Sehna przez biegłego Andrzeja Czubaka. Jaśniejszym kolorem (prawy oczodół) oznaczono miejsce zadania ciosu metalowym prętem oraz złamania części nasadowej nosa

urwała się wiosną 2001 roku, krótko po śmierci bezdomnego na działkach.

– Dzięki takim sprawom jak sprawa Niemca udało nam się wypracować metody wchodzenia w hermetyczne środowiska – mówi Mariusz. – Tego nie uczą w szkołach policyjnych.

Po trwającym siedem miesięcy procesie Kolor, który nie przyznał się do winy, otrzymał wyrok dwudziestu pięciu lat pozbawienia wolności. Hirek miał odsiedzieć dwanaście. W jego przypadku jako okoliczności łagodzące sąd uwzględnił „częściowe przyznanie się do czynu, wyjawienie roli i udziału w nim drugiego sprawcy, wyrażenie skruchy oraz fakt, że w chwili czynu oskarżony ten posiadał ograniczoną nieznacznie poczytalność".

Wysokość kary dla Kolora była uzasadniona dodatkowo jego poprzednimi wyrokami.

– To był bezwzględny recydywista, który kiedyś w Warszawie odebrał broń policjantowi. W więzieniu grypsował. Podczas śledztwa zachowywał się agresywnie. W sądzie też pokazał pazurki i rzucił w sędziego butem – uśmiecha się Mariusz.

– Kolor pozował na groźnego. By dowartościować się w oczach bezdomnych, stworzył na swój temat legendę, która po sprawdzeniu okazała się zbudowana z kłamstw – dodaje Bogdan. – Szła za nim fama bezwzględnego i nieobliczalnego faceta. Tym wymuszał respekt. Tacy ludzie muszą mieć swoich „adiutantów". Podczas zabójstwa Niemca „adiutantem"

Kolora był Hirek, który odpowiedział za to przed sądem. Ludzie pokroju Kolora żyją kosztem innych bezdomnych: zabierają im wyżebrane pieniądze albo zapłatę za złom. Dzięki temu Kolor mógł się skupić na dziewczynach.

– Grał na gitarze... – podnosi brew Mariusz.

– Akurat muzyka w jego przypadku nie łagodziła obyczajów. Kraków, nawet po tej sprawie, nadal jest miastem atrakcyjnym dla bezdomnych – zmienia temat Bogdan. – Jest tu dużo jadłodajni, noclegowni, są pomagający ubogim bracia albertyni. Ale świat bezdomnych istnieje poza ramami państwowej czy kościelnej pomocy. Nawet jeśli sprawca zbrodni popełnionej w tym środowisku trafił za kratki, na jego miejsce pojawią się nowi. Najczęściej młodzi. Podziemny świat nie znosi próżni. Ta zbrodnia wzięła się, jak to ujął sąd w sentencji wyroku, „z wędrownego trybu życia" – kończy opowieść Bogdan. – Z bezczynności. Z „wędkowania", czyli żebrania, z dużej ilości wolnego czasu. Pamiętam krótką rozmowę z bezdomnym przesłuchiwanym w tym właśnie śledztwie, w której przedstawił mi swoją filozofię życiową. Spytałem go: „Czym się pan zajmuje, panie Jacku?". Usłyszałem: „Jestem POM-em". Co to znaczy? „Powolny Obchód Miasta", odpowiedział i zaczął się śmiać.

Co łączy sprawę Niemca ze sprawą Krystyny S.? W obu zbrodniach ciała ofiar były słabo zachowane.

Zwłoki bezdomnego mężczyzny znajdowały się w stanie rozkładu, a z Wisły wyłowiono tylko skórę i nogę studentki, tak że tożsamość obu ofiar potwierdziły dopiero badania DNA. Sprawcy wykazali się pomysłowością przy ukrywaniu swoich zbrodni. Kolor morduje Niemca w taki sposób, że sekcja nie jest w stanie wykazać pozanaturanej przyczyny śmierci, jak to mówią policjanci: „udziału osób trzecich", i ukrywa zwłoki na terenie ogródków. Zabójca Krystyny S. wyrzuca fragmenty zwłok do Wisły, która „wszystko przyjmie". Rzeczy wyrzucone do rzeki giną jak wrzucone w studnię, znikają raz na zawsze. Fakt, że skóra Krystyny S. wkręciła się w śrubę pchacza, to upiorny zbieg okoliczności. I to właśnie przypadek wydobył na światło dzienne tę zbrodnię w jej najbardziej makabrycznym aspekcie. W obu przypadkach istnieją więc tylko bardzo słabo zachowane ciała i praktycznie nie ma klasycznych śladów kryminalistycznych – włosów, włókien, odcisków palców, śladów traseologicznych. Mimo to udało się rozwiązać zagadkę śmierci Niemca. Dlaczego?

Kluczem do tej sprawy był pręt. Można zapytać: dlaczego Kolor użył pręta? Dlaczego nie skopał Niemca na śmierć albo po prostu nie porzucił go pobitego na mrozie, żeby ten umarł? Efekt byłby taki sam. Czy chodziło tylko o zadanie śmierci, czy była to egzekucja, demonstracja, której odbiorcami byli bezdomni? Kolor chciał uchodzić w półświatku za groźnego, bezwzględnego człowieka, z którym nie warto zadzierać. Może dlatego użył pręta i na oczach świadków z zimnym, wyrachowanym okrucieństwem wbił go w oko ofiary? Ale to właśnie nadmiar okrucieństwa go zgubił. Bo tak jak udało mu się uniknąć pozostawienia śladów na ciele ofiary, to swoim okrucieństwem zostawił ślad w pamięci ludzi, świadków wydarzenia. Czy jeśli Niemiec zostałby skopany i pozostawiony na mrozie, uczestnicy feralnej imprezy w alkoholowym zamroczeniu zapamiętaliby, że coś takiego się wydarzyło? Przejęliby się tym? Przecież w półświatku bezdomnych takie rzeczy się zdarzały, ludzie ginęli, bo ukradli komuś wózek do zbierania złomu albo odbili dziewczynę. Ale to właśnie przez pręt i związane z jego użyciem okrucieństwo historia śmierci Niemca zaczęła mieć złą sławę, zaczęła być opowiadana, powtarzana, aż wreszcie przekroczyła granice półświatka i dotarła do policji.

Sprawa zabójstwa Niemca została rozwiązana dzięki umiejętności powiązania pozornie odległych faktów, umiejętności nieszablonowego działania, wejścia w hermetyczne środowisko i na koniec hipotezy zostały potwierdzone przez ekspertów od medycyny sądowej z użyciem nowoczesnych technologii – trójwymiarowej rekonstrukcji czaszki i badania DNA. W sprawach Niemca i Krystyny S. dużą rolę odegrał też przypadek, chociaż Bogdan pewnie nazwałby to „synchronicznością". Tak się złożyło, że w sekcji Niemca brał udział Bogdan, do którego dotarły potem pogłoski o zbrodni na działkach i powiązał ze sobą te dwa wydarzenia. W innym wypadku być może zbrodnia nigdy nie wyszłaby na jaw, a sprawca nie zostałby ukarany. Gdyby w śrubę pchacza nie wkręciła się ludzka skóra, najprawdopodobniej Krystyna S. pozostałaby zaginiona do dzisiaj, a najbardziej makabryczny aspekt jej śmierci, fakt, że zabójca ją oskórował, wciąż byłby tajemnicą.

W sprawie Krystyny S. też uderza nadmiar okrucieństwa, które sprawia, że nie da się o niej zapomnieć. I tutaj też ten nadmiar gubi sprawcę. W śrubę pchacza wkręca się skóra, a więc dowód największego wynaturzenia sprawcy, które szokuje, elektryzuje. Można się zastanawiać, czy jeżeli wyłowiona zostałaby sama noga, to czy budziłoby to aż takie emocje? Czy sprawa wyłowionych z Wisły szczątków w ogóle uznana zostałaby za morderstwo, i to ze szczególnym okrucieństwem, z pobudek seksualnych? Ot, samobójca, nieszczęśliwy wypadek albo nieudolna próba pozbycia się zwłok. Czy może zostałaby zapomniana, odłożona do akt jako niewyjaśniona? Czy nawiedzałaby krakowian aż do dzisiaj?

I czy byłaby z takim uporem rozwiązywana?

Seryjny

5

Dziś to wciąż spokojna okolica, zamieszkana głównie przez osoby starsze. Ruch tu mniejszy. Dużo zieleni.

Trochę więcej niż półtora roku po znalezieniu w Wiśle szczątków Krystyny S., 13 lipca 2000 roku, nieco ponad trzydziestoletnia Justyna Z. wchodzi do kościoła św. Szczepana przy placu Axentowicza w Krakowie. Przyklęka w przedsionku. Jest popołudnie i kościół jest pusty. Kobieta słyszy, że do środka ktoś wchodzi, ale modli się dalej. Nagle czuje silne uderzenie w szyję, widzi krew. Ma jeszcze siłę, by wyjść z kościoła i wezwać pomoc. Przed wejściem do budynku zauważa nieznanego mężczyznę, który zatrzymuje taksówkę i prosi kierowcę o odwiezienie Justyny na pogotowie. Do dziś nie wiemy, kim był nieznajomy.

Taksówkarz potwierdza, że w okolicy kościoła św. Szczepana mężczyzna zatrzymał go i powiedział: „Ratuj pan kobitę, została uderzona nożem". Podczas przesłuchania taksówkarz wspomina, że pasażerka powiedziała mu po drodze: „Myślałam, że mnie tylko uderzył. Takie rzeczy przytrafiają się innym. Nie myślałam, że mnie to też spotka".

Z pogotowia przy ulicy Łazarza taksówkarz odwiózł ranną Justynę do szpitala na ulicę Modrzewiową. Przeżyła.

Bogdan gasi papierosa i sięga po zszyte kartki papieru leżące obok filiżanki z kawą.

– Posłuchajcie tego – mówi i zaczyna czytać:

Coś od rana chodziło za mną, gnało mnie i nakłaniało, aby kogoś ugodzić nożem. Zabrałem dwa noże i wyszedłem szukać obiektu. Pomyślałem, że najpewniej będzie zamordować w pustym kościele jakąś starą, modlącą się kobietę. Wpierw zajrzałem do kościoła Kapucynów [przy ulicy Loretańskiej], a potem do Sercanek [przy ulicy Garncarskiej]. Wszedłem do wnętrza, uklękłem, przeżegnałem się i tak bezmyślnie czekałem na jakąś starowinę. Jak na złość żadna nie przychodziła. Już wychodziłem, gdy w drzwiach zobaczyłem starą kobietę. Gdy uklękła, podszedłem do niej, wyjąłem bagnet i ciosem od dołu dźgnąłem ją silnie w plecy, mierząc na wysokości serca, tak aby cios był śmiertelny. Wyszedłem zaraz z kościoła. W jednej z bram otarłem bagnet palcem, a krew zlizałem[9].

– Czy to wyjaśnienia sprawcy? – pyta Mariusz.

– Tak – odpowiada Bogdan. – Tylko że innego. Mordercy, który podobnie jak nasz sprawca z roku 2000, próbował zabijać kobiety w krakowskich kościołach.

To fragment wywiadu z Karolem Kotem, „wampirem z Krakowa", jednym z najmłodszych i najokrutniejszych seryjnych zabójców w historii polskiej kryminalistyki.

Kot był przez kilka lat postrachem Krakowa. Pierwszą ofiarę, która nie przeżyła jego ataku, ranił nożem w przedsionku klasztoru Sióstr Prezentek przy ulicy św. Jana 7 w Krakowie. Do ataku doszło wieczorem 29 września 1964 roku. Siedemdziesięciosiedmioletnia Maria P. zdążyła powiedzieć, że „pobił ją chłopiec". Kilka godzin potem, po przewiezieniu do ówczesnego szpitala imienia Biernackiego (dziś Szpital Bonifratrów przy ulicy Trynitarskiej 4), kobieta zmarła[10]. Osiem dni wcześniej podobny – na szczęście nieskuteczny – atak Karol Kot przeprowadził w krakowskim kościele Sióstr Sercanek.

Kot jeszcze kilkakrotnie ranił przypadkowe ofiary. Jednak do najbardziej zuchwałej zbrodni doszło podczas zawodów saneczkowych na kopcu Kościuszki,

Po czternastu dniach rozprawy

W procesie K. Kota przerwa do 6 czerwca

Karol Kot na sali sądowej. Fragment artykułu z „Dziennika Polskiego"

w miejscu publicznym, w lutym 1966 roku. Ofiarą był jedenastoletni chłopiec, któremu zadano kilkanaście ran kłutych.

Pół roku później Kot został aresztowany.

– Dlaczego tak trudno jest schwytać seryjnego zabójcę? – zastanawia się Bogdan.

– Bo jest sprytny... – odpowiada Mariusz.

– To też – przyznaje Bogdan. – Najczęściej jednak chodzi o to, że seryjni zabójcy atakują przypadkowe osoby. Seryjność wynika z konieczności powtarzania aktów seksualnych. To jest zasada numer jeden.

– A zasada numer dwa?

– Uwielbiają polować – mówi Bogdan. – Podnieca ich poczucie władzy nad potencjalnymi ofiarami, chcą być panami sytuacji. FBI odkryło, że seryjni sprawcy nieznający się nawzajem popełniali przestępstwa w taki sam sposób. FBI odkryło to, co od dawna wiedzieli egzorcyści... Czyli to, że zarówno dobro, jak i zło mają swoje korzenie nie na tym świecie. W naszym świecie one się tylko materializują...

– To, że seryjni działali podobnie, to się nazywa chyba „przypadek"... – powątpiewa Mariusz.

– Uważam, że mamy do czynienia z synchronicznością – ożywia się Bogdan. – Mam swoją prywatną definicję tego zjawiska, które obserwuję w przypadku sprawców zabójstw. Jest to siła istniejąca niezależnie od związków przyczynowo-skutkowych. Przypadek, zrządzenie losu, zbieg okoliczności, dziwny traf. Nie potrafimy tego logicznie wytłumaczyć, chociaż próbował na przykład Jung[11], definiując synchroniczność jako związek kilku niezależnych zdarzeń, które są ze sobą związane, ale nie na zasadzie przyczyny i skutku, po prostu wydarzają się w tym samym czasie. Według mnie obok synchroniczności istotne w zrozumieniu motywacji zabójców seksualnych jest ich obsesyjne polowanie na ofiarę. Obserwacja. Uczenie się na pamięć szczegółów ubioru śledzonej osoby, jej przyzwyczajeń. Wymyślanie scenariuszy, jak spotkanie zabójcy z ofiarą będzie wyglądać, reżyserowanie odtwarzanego w głowie filmu. To morderca jest w nim scenarzystą, ale i odtwórcą głównej roli. Jak w piosence Kazika:

> Moje niespełnienie groźne dla każdego
> Społeczeństwo ma miejsce też na kogoś takiego
> Obserwuję tą ulicę ósmy dzień kolejny
> I ciebie, gdy wieczorem powracasz tędy
> Zawsze idziesz lewą stroną ulicy
> Zawsze w tej samej czapce i spódnicy
> Gdy tak patrzę na ciebie, to drżą mi ręce
> Które potem składam Bogu w podzięce
> (...)
> Jesteś na widoku
> Mam cię na oku
> Nie unikniesz wydanego wyroku[12]

– Nasz bohater chyba nie znał tej piosenki... – dodaje z uśmiechem Mariusz.

– To jest świetna ilustracja obsesji i fantazji – ożywia się Bogdan. – Celnie opisuje stan zabójcy podczas polowania.

Sam Karol Kot tak wyjaśniał swoje motywacje:

> Wytłumaczenie jest we mnie, w moim wnętrzu, w mojej filozofii. W moich poglądach na dobro i zło. Mówiłem już (...), że dobrem jest to, co sprawia przyjemność, w takim razie, skoro zabijanie dawało mi zadowolenie, więc jest [ono] dobrem, a ja porządnym człowiekiem. Nie jestem więc draniem czy zbrodniarzem, ale tylko mordercą. Wierzę w to, że jestem porządnym człowiekiem. To, że mordowałem niewinnych, to moja osobista, prywatna sprawa[13].

Nagłówek i fragment artykułu z „Dziennika Polskiego"

Wykonanie kary śmierci na K. Kocie

WARSZAWA (PAP). Wyrokiem Sądu Najwyższego z dnia 11 marca br. Karol Kot skazany został łącznie na karę śmierci z utratą praw publicznych i obywatelskich praw honorowych na zawsze — za dokonanie zabójstwa dwunastoletniego Leszka C. (w lutym 1966 r.) i Marii P., oraz usiłowanie dokonania zabójstwa m. in. siedmioletniej Małgorzaty P. (w kwietniu 1966 r.), Franciszki L. i Henryki W., a ponadto za czterokrotne umyślne spowodowanie niebezpieczeństwa pożaru w budynkach mieszkalnych w Krakowie.

– Jest to wyznanie „chodzącego boga" – stwierdza Bogdan – a więc człowieka, który sam tworzy wygodne dla siebie systemy wartości.

Karol Kot po trwającym dwa miesiące procesie został skazany na karę śmierci.

– Sprawca napadu z 2000 roku został natychmiast zatrzymany przed kościołem – podejmuje opowieść Bogdan.

– Pomogli czujni obywatele... – uśmiecha się Mariusz.

Podczas pierwszego przesłuchania Tomasz C. nie przyznał się do popełnienia zarzucanego mu czynu, zasłaniając się „całkowitą niepamięcią dnia zdarzenia". Czy jest powód, by wiązać jego zbrodnię ze zbrodniami Karola Kota?

Biegli ustalili, że napadnięta w kościele kobieta doznała „rany ciętej szyi po stronie lewej z uszkodzeniem mięśnia mostkowo-sutkowo-obojczykowego". Sprawca zadał tylko jeden, za to bardzo silny cios. Śledczym nie udało się ustalić, jakim narzędziem Tomasz C. zaatakował kobietę. W chwili popełnienia czynu był on prawnie ubezwłasnowolniony. Zajmowała się nim cioteczna siostra.

– Na pytanie, dlaczego Tomasz C. nie był pod opieką najbliższych w mieszkaniu, tylko poszedł do kościoła i zranił obcą osobę, kobieta odpowiedziała: „nudził się" – kręci głową Bogdan. – Uważała, że to go usprawiedliwia.

– Dobra siostra – krzywi się Mariusz.

Do szpitala psychiatrycznego w Kobierzynie Tomasza C. przyjęła lekarz Justyna Rożek, która później powiedziała policjantom, że podczas ich pierwszej rozmowy pacjent potwierdził, że uderzył kobietę kawałkiem szkła w szyję, bo – jak to ujął – „chciał mieć pieniądze na piwo".

Jednej z pielęgniarek Tomasz C. opowiedział inną wersję wydarzeń. „Szedł chodnikiem i znalazł kawałek szkła od butelki. Wszedł do kościoła. Kiedy był już w środku, podszedł do kobiety i powiedział: «dawaj pieniądze». Gdy ich mu nie dała, uderzył ją szkłem w szyję i wybiegł na ulicę".

Tydzień po napadzie na Justynę Z. sprawą zajęła się Sekcja ds. Zabójstw Wydziału Kryminalnego KWP w Krakowie.

– Decydujący dla naszego zainteresowania tą sprawą był fakt ataku na samotną młodą kobietę w kościele – wyjaśnia Mariusz.

– To jest przełamanie kolejnej bariery – tłumaczy Bogdan. – W kościele nie spodziewamy się zagrożenia, przemocy. Kiedyś, na przykład w średniowieczu, kościoły służyły w czasie oblężenia za schronienie. Tutaj właśnie w kościele doszło do ataku.

Policjanci badający życiorys Tomasza C. odkryli, że ma on już na sumieniu zabójstwo trzynastoletniej Joanny P. Do zbrodni doszło w 1977 roku.

Zwłoki dziewczynki znaleziono w nieistniejącym już mieszkaniu przy ulicy Starowiślnej. Jej ciało było pozbawione górnej części garderoby. Obrażenia znajdowały się w okolicy brzucha, piersi i gardła. Joanna była koleżanką z klasy Tomasza C. Cierpiała na zespół Downa, była lubiana przez koleżanki i kolegów. Zabójstwa dokonano drutem, ale Tomasz C. miał też przy sobie nóż. Po zatrzymaniu wyjaśnił: „Biłem ją tak, jakbym bił patykiem, ale biłem drutem...".

Zapytany o powód ataku, Tomasz C. odpowiedział, że zauważył, że Joanna uśmiechała się do jego kolegi i dwa razy pocałowała go w policzek. Tomasz C. postanowił się zemścić. Według biegłych z Zakładu Medycyny Sądowej w Krakowie przyczyną śmierci dziewczyny były „rany kłute szyi, klatki piersiowej i jamy brzusznej z następowym wykrwawieniem".

Modus operandi zabójstwa Joanny P. wskazywał na motyw seksualny. Wspólne cechy zbrodni z 1977 roku oraz napadu na Justynę Z. dwadzieścia trzy lata później w kościele przy placu Axentowicza to według policjantów młody wiek ofiar oraz atak na szyję, będący przejawem fantazji seksualnych sprawcy. To w pewnym sensie jego „wizytówka".

Takich zabójców nazywa się zabójcami ekwiwalentnymi, zabójcami z lubieżności. Celem ataku nie jest w tym wypadku odbycie stosunku seksualnego z ofiarą. Satysfakcję seksualną sprawca odczuwa wyłącznie przez zadawanie ran i cierpienia, często na sam widok agonii, a wcześniej strachu.

Inną cechą zabójców ekwiwalentnych jest przypadkowość w doborze ofiar, co dotyczy zarówno wieku, jak i wyglądu kobiet oraz seryjność działania. Zabójcy z lubieżności wykazują zaburzenia osobowości w sferze seksualnej lub są wręcz – jak Tomasz C. – chorzy psychicznie. Zazwyczaj ich fantazje odzwierciedlają zapiski lub inna „twórczość": rysunki, obrazy, dzienniki lub opowieści snute przed innymi, nawet obcymi ludźmi, jak lekarze i pielęgniarki w szpitalu.

– To był... to jest – poprawia się Bogdan – jedyny seryjny zabójca, z jakim miałem do czynienia podczas kilkudziesięciu lat mojej policyjnej roboty. Na jego „seryjność" wskazywał szereg innych czynów. W miejscach, w których pojawiał się Tomasz C., wybuchały tajemnicze pożary. Tego wątku akurat nie zgłębialiśmy w naszym śledztwie, ale cały czas się przewijał. Myślę, że to było jakieś pragnienie destrukcji.

Policjanci zaczęli podążać tropem miejsc i instytucji, których pensjonariuszem był Tomasz C. Pierwszym z nich był dom pomocy społecznej w R., gdzie Tomasz C. za szklankę herbaty nakłonił jednego z pensjonariuszy do ugodzenia nożem salowej. Po tym zdarzeniu przeszukano jego łóżko. Okazało się, że miał tam „sprytnie schowane noże, żyletki oraz siekierę". Na taśmie klejącej przytwierdzonej na zewnątrz okna przechowywał kolekcję żyletek.

W listopadzie 1991 roku w okolicy parkingu PKP zwanego samochodownią, między ulicami Siemaszki a aleją 29 Listopada w Krakowie, nieznany mężczyzna ugodził nożem sześćdziesięcioletnią Zuzannę L. Kobietę uratował pies, który odstraszył napastnika. Na podstawie zeznań dwóch świadków sporządzono portret pamięciowy sprawcy. Podczas przesłuchania ofiara napadu powiedziała, że sprawca miał twarz wykręconą grymasem złości. Stwierdziła, że wyglądało to tak, jakby zaatakował ją bez powodu.

Dzień później na portierni składu węglowego przy ulicy Prądnickiej pojawił się mężczyzna z zakrwawioną dłonią, twierdząc, że został ugodzony nożem. Nieznajomy zadzwonił stamtąd na policję. Policjantom podał fałszywe dane i opowiedział zmyśloną historię o tym, jak został zraniony. Świadkowie odnieśli wrażenie, że wyglądał na niezrównoważonego psychicznie. Mężczyzna przedstawił się jako Wacław P. i podał adres. Kiedy przyjechali policjanci, uciekł. Okazało się, że pod podanym adresem znajduje się zakład ślusarski. Świadkom, portierowi i sprzątaczce pokazano zdjęcie Tomasza C. Wszyscy jednoznacznie stwierdzili, że mężczyzna, który pojawił się na portierni z zakrwawioną dłonią, to człowiek ze zdjęcia.

6 listopada 1991 o godzinie 6.30 rano zatrzymano Tomasza C., który był wówczas pacjentem jednej z poradni zdrowia psychicznego w Krakowie. Podczas przeszukania w mieszkaniu Tomasz C. sam wyjął zza szafy nóż. Przesłuchującym go policjantom powiedział, że mści się za to, że kiedyś starsza

kobieta uderzyła go w twarz w tramwaju. Tego samego dnia przedstawiono mu zarzuty, wiążąc tę sprawę z innymi napadami na kobiety. Tomasz C. przyznał się do zarzucanych mu czynów, ale nie postawiono mu zarzutu usiłowania zabójstwa. Otrzymał łączny wyrok dwóch lat i sześciu miesięcy pozbawienia wolności. Karę odbywał między innymi na oddziale psychiatrycznym jednego z aresztów oraz w jednym z podkrakowskich szpitali. Wreszcie trafił do domu opieki społecznej w T. To było kolejne miejsce, w którym go szczególnie zapamiętano.

12 lutego 1995 roku wypchnął przez okno z pierwszego piętra opóźnioną w rozwoju pensjonariuszkę ośrodka. Na szczęście kobiecie nic się nie stało. Tomasz C. twierdził, że kobieta weszła do łazienki, kiedy się rozbierał. To go zdenerwowało i wywołało odruch zemsty. Podczas przesłuchania Tomasz C. ponownie zasłaniał się brakiem pamięci.

Pracownice ośrodka w T. zeznały, że Tomasz C. to „człowiek bardzo inteligentny i sprytny w działaniu". Lubił dominować i znęcać się nad słabszymi pensjonariuszami, przy czym robił to bardzo zmyślnie, nigdy nie dał się złapać na gorącym uczynku. Wybierał takie osoby, o których wiedział, że nie poskarżą się personelowi, bo z powodu schorzeń, na które cierpiały, nie mówiły i miały ograniczony kontakt z otoczeniem. Tomasz C. okradł też jedną z pracujących w ośrodku terapeutek. Zabrał jej – jak sam wyznał – „trochę gotówki" i złoty zegarek. Dlaczego to zrobił? Twierdził, że „terapeutka, masując go, sprawiła mu ból".

Jak stwierdzili badający Tomasza C. lekarze, miał on skłonność do zachowań agresywnych, słabo kontrolowanych i warunkowanych stanami silnych napięć emocjonalnych. Możliwe, że wpływ na takie zachowanie w wieku dojrzałym miały narodziny z ciąży z konfliktem serologicznym. Z tego też powodu Tomasz C. do czwartego roku życia nie mówił. W wieku sześciu lub siedmiu lat spadł z motoroweru, doznał niebezpiecznego urazu głowy i trafił do szkoły specjalnej. Co istotne, każdy z jego przestępczych, podszytych seksualną zemstą na kobietach czynów miał inny przebieg i konsekwencje. Mężczyzna był niebezpieczny dla otoczenia, ale po pierwszym wyroku nie trafił za kratki.

Po napadzie z lipca 2000 roku stwierdzono, że Tomasz C. cierpi na „zespół psychoorganiczny, otępienno-charakteropatyczny, padaczkę i niedorozwój umysłowy, z powodu których w odniesieniu do zarzucanego mu czynu miał całkowicie zniesioną zdolność do rozumienia jego znaczenia i pokierowania swoim postępowaniem". Lekarze byli zgodni, że zaprzestanie leczenia w jego przypadku może spowodować kolejne ataki agresji. Stąd wystąpili z wnioskiem o „internowanie Tomasza C. na Oddziale Psychiatrii Sądowej".

W tej sytuacji prokurator orzekł tak zwaną detencję, czyli postanowił przymusowo umieścić

Tomasza C. w szpitalu psychiatrycznym „zgodnie z wnioskami biegłych w takim zakresie, by uniemożliwiła ona podejrzanemu ponowne popełnienie przestępstwa karnego".

Tomasz C. przebywa obecnie w zamkniętym ośrodku psychiatrycznym.

– Czuliśmy niedosyt – uśmiecha się smutno Mariusz.

– Tak – kiwa głową Bogdan. – Wnioskowaliśmy do prokuratury o zmianę kwalifikacji prawnej czynu Tomasza C. związanego z atakiem w kościele. Naszym zdaniem to było usiłowanie zabójstwa. Tylko szczęśliwy zbieg okoliczności sprawił, że zaatakowana w kościele kobieta uniknęła losu trzynastoletniej koleżanki Tomasza C. z klasy.

– Nasze argumenty odbiły się jednak od ściany.

– Moim zdaniem zawiodła też psychiatria – mówi Bogdan. – Tomasz C. był chory, ale ja do dziś uważam, że on czasami po prostu udawał. Sprawcy często zasłaniają się chorobami psychicznymi. Dostają renty albo korzystają z oddziałów szpitalnych, gdzie mają wikt i opierunek. I prawo jest wobec nich bezradne. Według mnie część z nich gra i udaje, a lekarze wierzą we wszystko, co im pacjenci opowiadają. Mnie to przeraża.

– W tej sprawie zawalili też inni ludzie – dodaje Mariusz.

– Na pewno rodzina – przyznaje Bogdan. – I wymiar sprawiedliwości, który wiele razy okazywał się zbyt łaskawy dla naszego bohatera. Zresztą przez taką, a nie inną kwalifikację czynów ten człowiek nigdy nie zapisze się w historii polskiej kryminalistyki jako potencjalny seryjny zabójca, co poprawia statystyki wykrywalności. On był dla wszystkich problemem, który każdy od siebie odsuwał. I rodzina, i instytucje. Dzięki tej obojętności mógł przez tyle lat funkcjonować bezkarnie.

Policjanci wykluczyli jednak, by Tomasz C. miał cokolwiek wspólnego z zabójstwem studentki z Krakowa, której szczątki wyłowiono z Wisły na początku 1999 roku. Śledczym pozostało mozolne poszukiwanie sprawcy.

– My pracujemy jak ludzie na wykopaliskach – rozkłada ręce Bogdan. – Ciągle wracamy do tych samych miejsc, świadków, do przebiegu zdarzeń. Kopiemy, drążymy, rozgrzebujemy jak archeolodzy. Czasami nawet używamy łopat i rękawiczek.

– Nie zawsze jednak, panie inspektorze, coś odnajdujemy...

– To prawda, ale mimo wszystko to nasze kopanie ma sens.

Czytanie kości

6

Z wykształcenia – biolog. Specjalizacja – zoogeografia. Skończył wszystkie dostępne dla biologa kursy antropologiczne, ale pracę magisterską pisał w latach osiemdziesiątych na temat bieszczadzkich owadów.

Rozmawiamy w pracowni Instytutu Ekspertyz Sądowych, gdzie biegły Andrzej Czubak od blisko dwudziestu pięciu lat pomaga ustalać prawdę o losach niezidentyfikowanych lub zamordowanych osób na podstawie ich szczątków. Bada kości, by ustalić płeć i wiek człowieka, urazy i choroby, które zmarły przeszedł za życia, wskazuje, w jaki sposób doszło do jego śmierci. Czasem dokonuje też porównania wizerunku, czyli najczęściej zdjęcia, z zachowaną czaszką. Fachowo nazywa się to superprojekcją lub superimpozycją.

– To były inne Bieszczady – wspomina. – Nie było hoteli, turystów, a po ulicach biegały niepilnowane stada świń. Mnie to nie przeszkadzało.

Jego interesowały wtedy głównie myśliczki (*Steniae*), owady należące do rodziny kusakowatych (*Staphylinidae*), które zbierał na różnych piętrach bieszczadzkiego lasu.

– To około trzyipółmilimetrowe owady mieszkające na kwiatkach. Polują one na inne owady, które te kwiatki odwiedzają. Trochę jak w życiu – uśmiecha się.

Po obronie pracy magisterskiej Andrzej Czubak na dwa lata wyjechał do Kanady.

– Poznałem tam polskiego naukowca z University of Calgary, który zasugerował mi nostryfikację dyplomu – ciągnie opowieść biegły. – Nie zdecydowałem się, myślałem o karierze w Polsce, ciągnęło mnie do rodziny i przyjaciół. Poza tym musiałem wracać, bo kończyła mi się wiza. I nie zostałem kanadyjskim naukowcem.

Po powrocie bezskutecznie próbował dostać się na studia doktoranckie na UJ, aplikował na stanowisko asystenta na Uniwersytecie Rolniczym. Przez kilka lat był współwłaścicielem firm reklamowych. Wreszcie dostał pracę w Instytucie Ekspertyz Sądowych.

– To był przypadek. Koleżanka ze studiów pracowała w Instytucie jako biegła od daktyloskopii i właśnie szła na urlop macierzyński – wspomina. – Wtedy upadała moja druga firma. „Jesteś wesoły", mówiła mi koleżanka. „A my potrzebujemy w tej pracy wesołego człowieka". Przyjmował mnie do pracy świętej pamięci dyrektor Aleksander Głazek. Szczegółowo wypytał, co potrafię, czy znam angielski. I zostałem przyjęty do Pracowni Daktyloskopii.

W 1994 roku nikt w Instytucie nie mówił jeszcze o potrzebie stworzenia pracowni antropologii sądowej. Andrzej Czubak był wdrażany w badanie czaszek, ponieważ dyrektor Głazek stwierdził, że potrafi rysować.

– Dyrektor wysłał mnie na kurs przygotowawczy do studiów plastycznych, żeby udoskonalić moje rysowanie, które było zupełnie amatorskie – opowiada biolog. – Na kursie rysowałem głównie modelki, czasami martwą naturę, ale z gorszym skutkiem. Wtedy wyszła sprawa tak zwanych czaszek wiedeńskich. W Muzeum Historii Naturalnej w Wiedniu znaleziono ludzkie czaszki i gipsowe popiersia stanowiące część powstającej w czasach Hitlera ekspozycji tak zwanego Muzeum Rasy. Wystawy, która miała pokazywać typowych przedstawicieli podbitych przez III Rzeszę narodów. Po zakończeniu wojny nikt tych czaszek nie badał.

W dokumentach, które trafiły do Instytutu Ekspertyz Sądowych, była informacja, że ludzie, których czaszki znalazły się w Muzeum Rasy, zostali zabici w Poznaniu. Gilotynowano ich.

– Piętnaście czaszek trafiło do nas – kontynuuje opowieść Andrzej Czubak. – Mieliśmy je na zlecenie dyrektora wiedeńskiego Muzeum Historii Naturalnej zbadać i opisać. Chodziło o wskazanie płci i wieku ofiar. To były pierwsze rekonstrukcje oraz superprojekcje, które robiłem na podstawie zdjęć osób zamordowanych. Pamiętam, że zdjęcia były złej jakości. Dostałem je drogą elektroniczną, a wtedy skanery nie dawały dużych rozdzielczości. Doszedłem do wniosku, że wśród przesłanych mi zdjęć było parę osób podobnych do rekonstrukcji wykonanych z czaszek, ale nie byłem pewien, czy to akurat te osoby zostały w Poznaniu zamordowane.

Co na to badania DNA?

– Badania DNA wykluczyły wszystkich i potwierdziły moje przypuszczenia, że to nie są te same osoby – kręci głową biegły. – To był chrzest bojowy i moja pierwsza robota. Po badaniach czaszki te zostały pochowane. Później badałem mumie egipskie, wykonywałem na przykład rekonstrukcję twarzy zmumifikowanej kapłanki. Napływały kolejne zlecenia z różnych stron Polski. Około 2000 roku dyrektor Głazek postanowił, że mogę się usamodzielnić. Pamiętam z tamtego czasu przypadek hrabiny Sułkowskiej z Puław, która miała zostać przypadkowo postrzelona przez męża, który twierdził, że zabił ją podczas czyszczenia broni. Badałem jej czaszkę.

Andrzej Czubak miał ustalić, czy szczątki należą do hrabiny, czy pochodzą z tak zwanych zbiorów oświęcimskich. Na Lubelszczyznę tuż po zakończeniu wojny jeździli komunistyczni agitatorzy, pokazując podczas zebrań czaszki ofiar pomordowanych w Auschwitz. Podejrzewano, że mogło dojść do pomieszania eksponatów i zamiast czaszki hrabiny zajmowano się kośćmi obwożonymi przez ludowych komisarzy po Lubelszczyźnie.

– Ta czaszka była duża – zaczyna biegły. – Według moich ustaleń hrabina Sułkowska była kobietą wysoką i postawną. Zrobiłem rekonstrukcję twarzy i wiele wskazywało na to, że czaszka rzeczywiście należy do hrabiny. Nie miałem jednak wtedy jeszcze tego doświadczenia w antropologii sądowej, które mam dziś.

Po sprawie hrabiny Sułkowskiej dyrektor Głazek postanowił wysłać Andrzeja Czubaka do Francji, gdzie od lat antropologia jest nauką sądową z długimi tradycjami, na najwyższym w Europie poziomie. Tymczasem według Andrzeja Czubaka w Polsce do dziś nie można się dobrze przygotować do pracy w charakterze antropologa sądowego.

Biegły z Krakowa spędził w laboratorium Francuskiej Żandarmerii Narodowej w Rosny-sous-Bois pod Paryżem blisko pół roku. Pracował pod opieką biologa majora Jeana-François Michaux, który wykonywał rekonstrukcje twarzy w technice 3D i potrafił uzyskiwać odciski z odciętych palców i dłoni. Stosował autorską technikę, która polegała na odświeżaniu palców i dłoni w specjalnych chemicznych kąpielach w temperaturze około 36–40 stopni Celsjusza tak, że martwa skóra odzyskiwała prężność.

– Podobne doświadczenia robiliśmy ze skórą twarzy mumii, żeby je dobrze sfotografować – opowiada Andrzej Czubak. – Przede wszystkim robiliśmy dużo rekonstrukcji. Moim mistrzem był Jean-Noël Vignal, członek międzynarodowego zespołu, który w roku 2005 rekonstruował wygląd egipskiego faraona Tutenchamona. Od Vignala bardzo dużo się nauczyłem.

Francuska antropologia sądowa bazuje przede wszystkim na doświadczeniach amerykańskich, czyli na dużych próbach statystycznych. Amerykanie wykorzystywali do swoich pionierskich badań między innymi pomiary kości żołnierzy poległych podczas wojny w Wietnamie oraz szczątki z pochówków indiańskich.

– Amerykanin Bill Bass stworzył słynną „trupią farmę" w Tennessee, na terenie której prowadzi badania każdego etapu rozkładu ludzkich zwłok[14]. To tafonomia, czyli nauka o tym, w jaki sposób ciało zachowuje się po śmierci – tłumaczy biegły. – To bardzo ważne dla poznania pośmiertnych losów szczątków. Czy ciało zostało przemieszczone? Czy na jego rozkład miały wpływ warunki glebowe, ruch wód podziemnych i gatunki zwierząt ryjących w ziemi na danym terenie? Te szczegóły mogą dużo powiedzieć na temat okoliczności śmierci i dalszych losów ciała. Dzięki tafonomii wiemy, czy pierwotny układ grobu jest taki, jaki był w chwili pochówku, czy może ktoś w ten układ ingerował: człowiek, zwierzę, a może po prostu woda. Tafonomia pozwala określić też czas pochówku. A czas w mojej dziedzinie jest bardzo istotny, bo okresy przedawnień w polskim prawie dotyczą także zabójstw, a tymi sprawami zajmują się policjanci z „Archiwum X". Połowa kości, które otrzymuję do badań, to szczątki wojenne. Jedna czwarta dotyczy śledztw „Archiwum X". Reszta należy do bezdomnych, pacjentów szpitali psychiatrycznych, osób w podeszłym wieku, samobójców i ofiar morderstw. Dodam, że w Polsce nie ma żadnego podręcznika tafonomii. Ta nauka jest u nas niedoceniana. Kiedy wróciłem z Francji, usamodzielniłem się i zacząłem to robić na całego. Dyrektor Głazek był spokojny, że dam sobie radę z coraz trudniejszymi sprawami.

Pierwszy etap, kiedy szczątki trafiają do Instytutu Ekspertyz Sądowych, Andrzej Czubak nazywa rozpoznaniem.

– Kiedy mam zrobić rekonstrukcję i ze szczątkami dostaję zdjęcie człowieka, to do momentu, aż skończę robotę, nie oglądam fotografii. Ona spokojnie leży w zaklejonej kopercie na biurku. Dopiero kiedy skończę, zaczynam porównywać.

Na początku istnienia pracowni Andrzej Czubak otrzymywał zwłoki w różnym stopniu rozkładu.

– Wystarczy mi nawet mały kawałek człowieka – uśmiecha się. – To na nim się skupiam i na jego podstawie wyciągam wnioski i przygotowuję ekspertyzę. Do tej pory zbadałem ponad osiemset szkieletów.

Jedną z technik, które służą identyfikacji antropologicznej, jest porównanie badanego materiału z materiałami znajdującymi się w innych instytucjach dysponujących szczątkami ludzkimi i zwierzęcymi. W ten sposób można stwierdzić, czy znaleziono kości na przykład dziecka czy zwierzęcia. Jest to pomocne zwłaszcza wtedy, kiedy nie ma kompletnego szkieletu, a tylko jego niewielki fragment. Wtedy trzeba się skupić na szczegółach.

– W instytucjach naukowych w naszym kraju nie ma dużo szkieletów dziecięcych – opowiada biegły. – Ma to związek z kulturą, religią, ale też z przepisami prawnymi. Najczęściej trafiają się pełne szkielety dorosłych ludzi, którzy często sami przekazują je w testamencie instytucjom naukowym. Wiem, że tak jest na przykład na Uniwersytecie Śląskim w Katowicach.

Każda ekspertyza zaczyna się od pytania: czy są to szczątki jednego człowieka czy kilku? Czy są to szczątki zwierzęce? A może to kamień, który na pierwszy rzut oka przypomina kość?

Podczas analizy opisywane są między innymi uszkodzenia i kompletność szkieletu. Wreszcie w finale wyznacza się tak zwany PMI (ang. Post-mortem Interval), czyli czas, jaki upłynął od zgonu.

– Jak mówią koledzy z Zakładu Medycyny Sądowej: nas interesuje to, co miękkie, czyli ciało, tkanki. A ciebie w Instytucie Ekspertyz Sądowych to, co twarde, czyli kości – kończy z uśmiechem Andrzej Czubak.

Jak wygląda przygotowanie materiału do badań?

– Zazwyczaj otrzymywane do badań szczątki obgotowuję – podejmuje biegły. – Muszę zdecydować, czy mogę pracować nad materiałem, czy muszę go oczyścić. Jeśli są to szczątki z fragmentami tkanek, to je gotuję, a jeśli są tylko brudne, myję je wodą i szoruję szczotką. Na tym etapie już uzyskuję pewne informacje. Wraz ze zniszczonymi, wygotowanymi tkankami mogą zniknąć istotne punkty identyfikacyjne, więc trzeba obfotografować szczątki przed czyszczeniem czy gotowaniem, tak żeby było widać na przykład ucho czy nos. Bo później konkretnego kształtu nie będzie widać i rekonstrukcja twarzy będzie narażona na ryzyko błędu.

Wszystkie zanieczyszczenia szkieletu biegły musi odnotować. Mogą one okazać się istotne nie tyle w samej rekonstrukcji, ile w analizie miejsca znalezienia ciała. Bo o to czasami Andrzej Czubak jest również proszony.

– Te zanieczyszczenia mogą pozwolić określić, jak długo ciało leżało w ziemi – opowiada biegły. – I czy ktoś pomógł denatowi zejść z tego świata.

Z jaką dokładnością jest możliwe określenie czasu pozostawania zwłok w grobie?

– Zasada jest jedna: im krócej ciało lub szczątki przebywały w ziemi, tym lepiej dla moich badań, bo mogę wtedy w miarę precyzyjnie określić czas od momentu zgonu do znalezienia tego, co zakopano i ukryto. Pierwszy przedział to czas do roku. Kolejny: dwa–trzy lata. Potem: piętnaście–dwadzieścia lat, trzydzieści pięć, wreszcie pięćdziesiąt lat i więcej. Z kośćmi ludzkimi jest trochę tak jak z drzewami: też mają swoje cechy starzenia się, oczywiście odczytuje się je w sposób bardziej skomplikowany.

Najtrwalsze wśród ludzkich kości są zęby, niektóre elementy czaszki oraz jedna, szczególna kość.

– Tak zwane kości skaliste czaszki i kość udowa – precyzuje Andrzej Czubak. – Na początku ze szkieletu giną małe kości. Przyczyniają się do tego głównie zwierzęta, ruchy gleby i woda. To tak zwana mała dezartykulacja. Później następuje duża dezartykulacja, kiedy kości tracą nasady stawowe.

Jak długo szkielet może tkwić w ziemi?

– To zależy od gleby, bo jeśli jest mocno zakwaszona, to szkielet może rozkładać się szybciej. Najszybciej degradacji ulega szkielet, który nie jest zakopany, ale tylko płytko zagrzebany w ziemi. Obecność cieków wodnych, wilgoć też mają znaczenie. Woda opóźnia rozkład ciała, jednak najdłużej ciało rozkłada się w grobie ziemnym: tam słabo dociera powietrze i zwierzęta, a szczególnie muchy. One składają jajeczka jeszcze na zwłokach na powierzchni. Docierają do ciała mniej więcej czterdzieści minut po zgonie.

Jeśli jednak ciało nie zostanie pochowane, tylko porzucone, to na jego rozkład mają wpływ również temperatura, wilgotność powietrza i nasłonecznienie.

– Ciało ubrane rozkłada się wolniej niż nagie – wylicza dalej biegły. – Muchy mają wtedy utrudniony dostęp do zwłok. Ale ani wiek, ani waga ciała nie wpływają zasadniczo na proces rozkładu. Istotne jest, czy ciało ma rany, bo krew przyciąga muchy „plujki" z odległości wielu kilometrów. Bill Bass zrobił eksperyment: z okna swojego gabinetu na uniwersytecie wypuszczał oznaczone pomarańczową farbą muchy w kierunku „trupiej farmy". Większość z nich docierała na miejsce.

Zasada badania szczątków w laboratorium przypomina trochę oględziny miejsca zdarzenia.

– Patrzę zawsze najpierw ogólnie, by później skupić się na szczegółach. Ten pierwszy moment jest nie do powtórzenia, dlatego na początku sporządzam obszerną dokumentację fotograficzną i robię dużo notatek. Później zaczyna się właściwa praca antropologa, czyli ustalenie tak zwanych charakterystyk. Inaczej, odpowiadamy sobie na pytania: kość – nie kość; człowiek – zwierzę; jeden – wielu. A później: jaka płeć, jaki wiek, jaki rodzaj postury i rasa. Teraz, w czasach poprawności politycznej, nazywa się to odmianą biogeograficzną. Jeśli dostanę tak mały fragment ciała jak paliczek z palca, czyli kość, która tworzy przednią część ludzkiej dłoni, to powiem na temat denata mniej, niż gdy dostanę wszystkie paliczki, kości śródręcza i nadgarstka. Im więcej szczątków, tym więcej tak zwanych punktów windykatywnych, czyli charakterystycznych cech, z których mogę „czytać kości".

Podobnie wygląda sprawa rekonstrukcji wyglądu twarzy na podstawie czaszki.

– Często nie dostaję zdjęć w ogóle – opowiada Andrzej Czubak. – A jeśli zdjęcie jest, to zazwyczaj zostało zrobione w czasach, kiedy nieżyjący człowiek na przykład nie nadużywał alkoholu, nie chorował, nie był bezdomny. Kiedy robiłem dwie rekonstrukcje w sprawach prowadzonych przez krakowskie „Archiwum X", miałem do czynienia z taką sytuacją.

W pierwszym przypadku była to rekonstrukcja wyglądu mężczyzny, a w drugim kobiety.

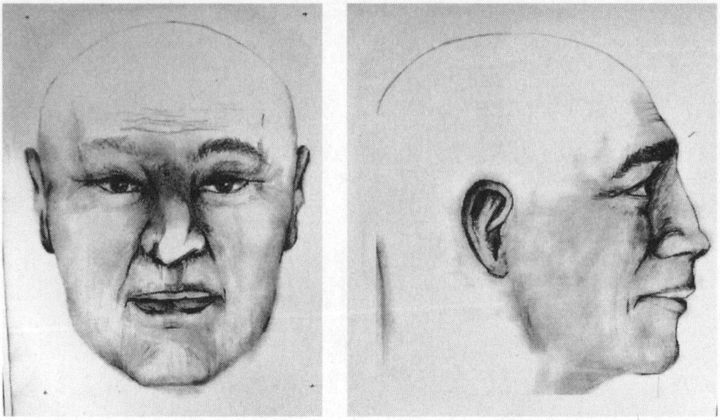

– To się fachowo nazywa „portret przyżyciowy" – wyjaśnia biegły. – Żeby go stworzyć, muszę znać płeć, wiek i posturę zmarłego, aby następnie odtworzyć grubość tkanek miękkich jego twarzy.

Najważniejsze cechy diagnostyczne, które są wykorzystywane podczas powstawania takiego portretu, są ulokowane w kościach czaszki.

– Na drugim miejscu umieściłbym kości miednicy – wylicza Andrzej Czubak. – Ale właściwie każda kość ludzkiego szkieletu zawiera informacje o płci, wieku i posturze człowieka. Zawsze zwracam uwagę na kompletność szczątków. Bywa, że nie mamy nóg albo jednej ręki. Tak było chociażby w przypadku bezdomnej kobiety, której portret wykonywałem. Jej ciało było odnajdywane w różnych miejscach Krakowa na przestrzeni kilku miesięcy.

Z kolei bezdomny o pseudonimie Niemiec, którego zwłoki znaleziono na działkach przy alei Pokoju, miał zachowany pełny szkielet.

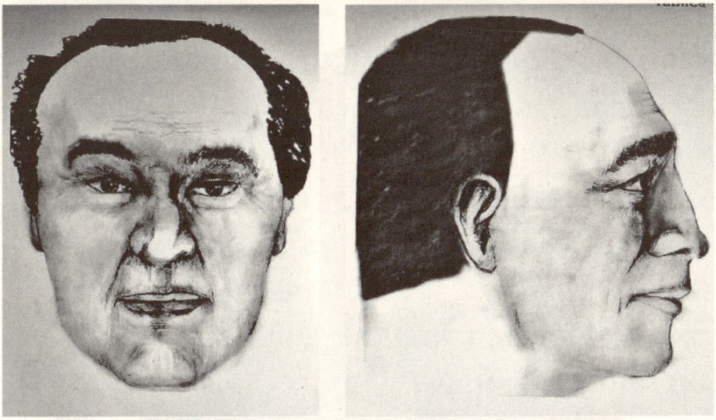

Kolejne cztery etapy powstawania portretu przyżyciowego Niemca (rysunki wykonane przez Andrzeja Czubaka z Instytutu Ekspertyz Sądowych im. prof. dra Jana Sehna w Krakowie)

– Ale dopiero po mojej analizie mieliśmy pewność, że został zamordowany – kiwa głową Andrzej Czubak. – Wcześniej, ze względu na rozkład zwłok, sama sekcja nie wykazała niczego nienaturalnego.

Jak badano szczątki Krystyny S.? Krakowska prokuratura nadzorująca wznowione po latach śledztwo zleciła wykonanie ekspertyzy 3D. Krakowski Instytut Ekspertyz Sądowych nie wykonuje tego rodzaju analiz, więc badania wykonano w Laboratorium Ekspertyz 3D Katedry Medycyny Sądowej Wrocławskiego Uniwersytetu Medycznego. Ekspertyza 3D to swego rodzaju film, który pokazuje, jak zachowywał się sprawca bądź sprawcy zabójstwa, co zrobili z ciałem, gdzie uderzali i z jaką siłą, jakich używali narzędzi. I czy torturowali ofiarę przed śmiercią.

Doktor Krzysztof Maksymowicz, specjalista medycyny sądowej i kierownik Laboratorium Ekspertyz 3D Katedry Medycyny Sądowej Uniwersytetu

Medycznego we Wrocławiu, w korespondencji e-mailowej wyjaśnia, że jego praca w praktyce polega na odtworzeniu w wirtualnym środowisku 3D elementów zdarzenia, czyli miejsca, sprzętów i uczestników, sprowadzeniu ich do poprawnych rozmiarów oraz proporcji w skali rzeczywistej. Następnie przeprowadza się analizę tendencji i interakcji przestrzennych pomiędzy nimi.

W zależności od przypadku ekspertyza 3D może zakładać weryfikację, eliminację lub potwierdzanie elementów składowych zdarzenia.

– Równocześnie lub zamiennie – dodaje doktor Maksymowicz. – Ekspertyza może być też wizualizacją wniosków w postaci animacji prawdopodobnego przebiegu zdarzenia, na przykład zabójstwa. Taka wizualizacja, poparta spostrzeżeniami i wnioskami sformułowanymi w oparciu o całość materiału dowodowego, tworzy opinię medyczno-sądową z zastosowaniem technologii obrazowania w środowisku 3D. Analiza i sporządzenie ekspertyzy 3D trwa w praktyce od kilku do kilkunastu tygodni, a nawet kilku miesięcy.

Jeśli ekspertyza jest wykonywana niedługo po zdarzeniu i możliwy jest dostęp do miejsca zbrodni, jest szansa na efektywną ocenę przebiegu zdarzenia i zobrazowanie wyników w postaci animacji 3D. W sprawach sprzed lat biegły dysponuje jedynie szczątkami ofiary, a możliwości obrazowania są ograniczone.

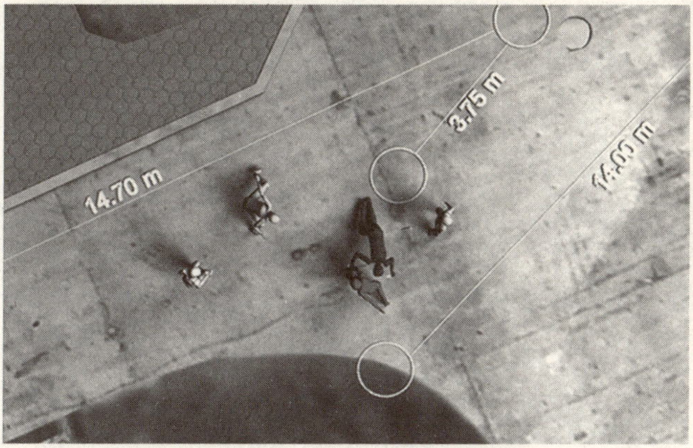

Stop-klatka z animacji rekonstrukcji 3D dotyczącej zabójstwa – rana kłuta klatki piersiowej (fot. Laboratorium Ekspertyz 3D Katedry Medycyny Sądowej Uniwersytetu Medycznego we Wrocławiu)

– Nasze doświadczenie pokazuje jednak, że takie ekspertyzy należy podejmować – podkreśla doktor Maksymowicz. – Nawet w przypadku niedostatecznego lub złej jakości materiału dowodowego zawsze udawało się uzyskać nowe, istotne dla sprawy informacje.

Obrazy i animacje 3D stają się rozszerzeniem materiału dowodowego do wykorzystania przez innych biegłych, na przykład z zakresu balistyki, traseologii, pożarnictwa, wybuchów, wypadków komunikacyjnych czy katastrof lotniczych.

Pod pojęciem ekspertyzy 3D mieści się wiele różnych badań. Na podstawie materiału biologicznego, jakim są kości, można wykonać w środowisku 3D wiele unikatowych analiz, jak rekonstrukcje całych kości z ich fragmentów, skomplikowane pomiary objętościowe, symulacje wytrzymałości czy rekonstrukcje sylwetki całego ciała. Podobnie gdy chodzi o fragmenty zwłok – można na ich podstawie wnioskować na temat na przykład całości szkieletu człowieka. Według doktora Maksymowicza nie ma „dolnej" granicy materiału, który byłby zbyt mały, zbyt wątły czy za bardzo zdekompletowany, by go uznać za nieprzydatny do podjęcia próby opracowania w środowisku 3D.

– Czasem ekspertyza 3D pozwala uzyskać informacje zupełnie nieoczekiwane dla zleceniodawcy, a nawet i dla badaczy – kontynuuje biegły. – Taka ekspertyza odkrywa nieznane aspekty sprawy, wskazuje nowy kierunek śledztwa. Jedną z najczęstszych korzyści z ekspertyzy 3D jest wiedza na temat mechanizmu doznawanych obrażeń i pozycji ciała ofiary w trakcie ich zadawania.

Tak było w przypadku szczątków Krystyny S. Tego typu ekspertyzę wykonano na zlecenie prokuratury prowadzącej śledztwo w sprawie zabójstwa ze szczególnym okrucieństwem krakowskiej studentki.

Co znalazło się w wersji finalnej ekspertyzy 3D w sprawie Krystyny S.? Tego dowiemy się, kiedy zapadnie wyrok.

Historia pewnej znajomości

7

– Ta sprawa to kolejny wyjątek od reguły – mówi Bogdan. – Tego nie uczą na policyjnych kursach kryminalistyki, ale ja takie przypadki nazywam „wielbłądami Arystotelesa". Dlaczego? Grecki filozof zauważył, że wszystkie zwierzęta przeżuwające mają podwójne żołądki i rogi. Z wyjątkiem wielbłąda, który nie ma rogów, ale przeżuwa. A my w każdej sprawie musimy najpierw ustalić, czy mamy do czynienia z krową, czy z wielbłądem. Krowa oznacza zastosowanie schematów wypracowanych przez kryminalistykę. Wielbłąd to sprawa, która nie pasuje do żadnego wzoru. Coś dla nas.

Ta historia zaczyna się przed bramą wiejskiego cmentarza pod Tarnowem. W zimny październikowy poranek 2006 roku Stanisław B. jak zwykle jechał do pracy rowerem. Kiedy mijał cmentarz, zobaczył opartego o drzewo mężczyznę, który siedział z zamkniętymi oczami, głową przechyloną na bok i wyglądał, jakby spał. Stanisław B. pomachał do niego i rzucił: „dzień dobry", ale tamten ani na niego nie spojrzał, ani się nie odezwał. Stanisława B. coś tknęło. Zawrócił. Dotknął twarzy mężczyzny: była zimna. Zaklął i szybko wsiadł na rower. Ze sklepu spożywczego zadzwonił po policję.

Okazało się, że mężczyzna nie żył od co najmniej dwunastu godzin. Był elegancko ubrany, ale też mocno pijany. Badanie wykazało blisko cztery promille alkoholu. To była dawka śmiertelna. Zmarły nie miał przy sobie żadnych dokumentów.

Kilkanaście dni później do prosektorium Zakładu Medycyny Sądowej w Krakowie, który pracownicy nazywali Pewexem (skąd ta nazwa? od koloru zwłok, które tam trafiały po jakimś czasie – były zielone jak dolary), zgłosiła się Natalia R. Jej mąż zaginął, więc chciała obejrzeć przechowywane w lodówkach zwłoki kilku mężczyzn, których tożsamości nie udało się ustalić. Kiedy zobaczyła ciało mężczyzny spod cmentarza, zareagowała histerycznie. To były zwłoki jej męża. Wkrótce Janusza R. pochowano w rodzinnym grobowcu.

– I tu nasza opowieść mogłaby się zakończyć – uśmiecha się Mariusz.

– Kolejny facet, który nie zatrzymał się w porę i zapił się na śmierć – dodaje Bogdan.

– Ale w historiach, którymi się zajmujemy, ważny jest upływ czasu...

–...i ludzkie sumienie.

Blisko cztery lata po pogrzebie Janusza R. krakowskie „Archiwum X" uzyskuje informację, że pewna kobieta zna prawdziwe okoliczności śmierci mężczyzny.

– Zawsze w takich sytuacjach weryfikujemy informacje – mówi Bogdan. – W tym przypadku wystarczyła rozmowa i przesłuchanie kobiety w charakterze świadka.

Bożena M. zeznała, że kilka lat wcześniej była obecna na alkoholowej imprezie w centrum Tarnowa. Podała datę: październik 2006 roku. Był tam jej mąż

Jacek M. pseudonim Generał, zaprzyjaźnione małżeństwo Janusz i Natalia R. oraz mężczyzna o imieniu Tomek, na którego tamci mówili Malarz. „W tym miejscu chcę powiedzieć całą prawdę na temat zabójstwa Janusza R.", zeznała. Chodziło o mężczyznę, którego zwłoki znaleziono obok cmentarza pod Tarnowem.

– Bożena M. miała fotograficzną pamięć – opowiada Bogdan. – Po jej zeznaniu wykonaliśmy eksperyment procesowy w mieszkaniu, gdzie miało dojść do przestępstwa. Poprosiłem Ewę Wach, biegłą psycholog z krakowskiego Instytutu Ekspertyz Sądowych, by wzięła w nim udział i oceniła wiarygodność zachowania świadka. Według niej kobieta mówiła prawdę.

Bożena M. inscenizowała zdarzenia, które widziała kilka lat wcześniej. Przestawiała przedmioty, wskazując ich dokładne położenie, odgrywała scena po scenie to, co robili uczestnicy imprezy.

– Była trochę jak reżyser na planie filmowym – śmieje się Mariusz.

Janusz R. oraz mąż Bożeny M. poznali się wiele lat temu w więzieniu. Generał trafił za kratki za handel narkotykami. Janusz R. po alkoholu spowodował kilka wypadków, w których co prawda nikt nie zginął, ale jako że Janusz miał już na koncie kilka przestępstw drogowych popełnionych pod wpływem alkoholu, trafił do więzienia.

Mężczyźni zaprzyjaźnili się. Kiedy ten pierwszy opuścił zakład karny, odwiedzał „kumpla spod celi" podczas widzeń i pomagał jego żonie. Bożena M. w czasie przesłuchań wyrażała się ciepło o Januszu R. Wspomniała, że był żonaty, jego żona miała na imię Natalia i miał z nią dwójkę dzieci. Bożena M. podkreśliła, że Janusz był o żonę chorobliwie zazdrosny i stąd wzięły się jego problemy alkoholowe.

Podczas pamiętnej imprezy świętowano planowaną transakcję sprzedaży działki pod Tarnowem. Kiedy do mieszkania w centrum miasta trafiła Bożena M., impreza trwała w najlepsze i większość wódki została wypita. Ale wszyscy, poza półprzytomnym Januszem, byli trzeźwi. Okazało się, że pił głównie Janusz. Z tym że alkohol wlewano mu na siłę z butelki ze smoczkiem. Płyn w butelce miał kolor mętnozielonkawy i pijącemu wyraźnie nie smakował. Bożena M. doszła do wniosku, że wyglądało to, jakby uczestnicy imprezy czekali na śmierć Janusza.

Prokuratura, która nadzorowała śledztwo, zleciła ekshumację, żeby przebadać zwłoki Janusza R. pod kątem ewentualnego otrucia. W śledztwach prowadzonych przez krakowskie „Archiwum X" prokuratura zwykle zwlekała z ostateczną decyzją o ekshumacji. Wynikało to z braku pewności co do przydatności ostatecznych wyników tych badań. I z przyczyn ekonomicznych: ekshumacje były po prostu bardzo drogie. Tak samo było i tym razem.

– Biegły, którego bardzo cenię, docent Tomasz Konopka z krakowskiego Zakładu Medycyny Sądowej,

Wywód badania

1. Próbkę włosów o długości (6 – 9 cm) poddano procesom dekontaminacji kolejno wodą dejonizowaną, n-heksanem i acetonem, a następnie wysuszono i zmielono w młynku kulowym. Tak przygotowaną próbkę poddano całonocnej ekstrakcji metanolem. Uzyskany ekstrakt podano analizie w kierunku obecności amfetamin, opiatów, kokainy i jej metabolitów oraz benzodiazepin. Oznaczenie prowadzono metodą wysokosprawnej chromatografii cieczowej sprzężonej z tandemową spektrometrią mas z jonizacją typu elektrospray (HPLC-ESI-MS-MS).

Fragment opinii krakowskiego ZMS dotyczącej metody badań ekshumowanych zwłok Janusza R.

powiedział mi wtedy, że otrucia skończyły się w kryminalistyce dwieście lat temu – mówi Bogdan. – Jakież było jego zdziwienie, kiedy do jego zakładu trafiły po ekshumacji zwłoki Janusza R. i kiedy zobaczył wyniki badań toksykologicznych. Był po prostu w szoku.

Okazało się, że przed śmiercią poza dużą ilością alkoholu Janusz R. przyjął spore dawki leków o działaniu przeciwlękowym, nasennym i przeciwdrgawkowym, które w połączeniu z alkoholem mogły doprowadzić do śmierci.

– Badanie potwierdziło słuszność moich zasad – dodaje Bogdan. – Mnie nie interesują statystyki powtarzalności przestępstwa. Ja szukam prawdy poza schematami, daleko od utartych ścieżek. Wykorzystuję intuicję, doświadczenie życiowe i wiedzę.

Blisko rok później zatrzymano żonę zmarłego, Natalię R. oraz jej konkubenta i jednego z uczestników imprezy, Tomasza K., Malarza.

Był koniec kwietnia 2013 roku. Środa, godzina 10.30.

Treść przedstawionych mi zarzutów zrozumiałam – zaczęła swoje wyjaśnienia żona Janusza R. – Nie do końca przyznaję się do ich popełnienia. Będę wyjaśniała.

Kobieta opowiedziała, jak kilkanaście lat temu poznała Janusza R. i dlaczego półtora roku przed jego śmiercią od niego odeszła. Janusz i Natalia poznali się w szpitalu, gdzie Natalia pracowała jako pielęgniarka. Po kilku miesiącach znajomości zamieszkali razem. Urodziło się pierwsze dziecko. Wzięli ślub. Po narodzinach drugiej córki Janusz nie przestawał pić. Natalia postanowiła się wyprowadzić, żeby zapewnić córkom „spokojny dom i normalne wychowanie". Kiedy urodziły się dzieci, porzuciła etat w szpitalu i przyjmowała „zlecenia drobnych usług medycznych na telefon".

W okresie jesieni i zimy 2006 roku żyłam w permanentnym stresie – wyjaśniała Natalia R. – Któregoś dnia do naszego mieszkania w Tarnowie przyszedł Jacek M. [Generał] ze swoją żoną Bożeną. Jacek zaczął rozmowę na temat, ile pieniędzy [mój mąż] Janusz jest mu winien. Najpierw była mowa o kwocie 30 tysięcy złotych, potem o 50 tysiącach złotych. Gdy spytałam, skąd taki dług u Janka,

Generał powiedział, że to już jest należność z odsetkami i że oni mieli swoje sprawy. Ja wówczas byłam sama w domu, nie było moich dzieci ani matki i być może dlatego Jacek nie bał się ze mną rozmawiać w ten sposób. (...) Wtedy Generał powiedział do mnie tak, że on tak zrobi, że ja będę miała pieniądze, ale że [wtedy] mam mu [je] oddać.

– Motyw zbrodni byłby więc finansowy – mówi Bogdan. – Tak przynajmniej wynikało z wyjaśnień żony zmarłego.

„Generał był człowiekiem nieobliczalnym, ciągle chodził naćpany, [a] ja się obawiałam, czy on nie ma przy sobie broni palnej", wyjaśniała przed prokuratorem Natalia R. Kobieta pamiętała, że któregoś wieczoru do ich domu Generał przywiózł dwa pistolety, które Natalia R. osobiście oddała mu następnego dnia rano, nie chcąc narażać rodziny na niebezpieczeństwo i konflikt z prawem.

Temat rozliczeń finansowych Generała z Januszem R. powrócił w październiku 2006 roku.

[Wtedy żona Generała] Bożena zadzwoniła do mnie i poinformowała, że właśnie jadą do Janusza [który po rozstaniu ze mną mieszkał w swoim domu na wsi]. (...) Potem przyjechali z nim do ich mieszkania w Tarnowie na Osiedlu Niepodległości – kontynuowała opowieść Natalia R. – Gdy już byli w tym mieszkaniu, to Bożena zadzwoniła do mnie, abym do nich przyjechała na chwilę. Po przybyciu na miejsce zobaczyłam, że w pokoju na tapczanie leży Janek i praktycznie jest nieprzytomny. Na stole stały trzy butelki wódki. (...) W mieszkaniu byłam przez trzy, cztery minuty i wyszłam. Nie pamiętam dokładnie, ale potem oni przyjechali do mnie i wówczas ja w całą tę sprawę zaangażowałam [mojego konkubenta] Tomka [ps. Malarz] ponieważ trzeba było wynieść [z mieszkania zwłoki mojego męża] Janka.

Według Natalii R. Generał, jego żona i Tomek pojechali samochodem ze zwłokami Janusza „gdzieś w okolice Tarnowa" i tam je zostawili.

Pytana przez prokuratora, czy myślała o wezwaniu pogotowia albo policji, Natalia R. odpowiedziała, że nie mogła, bo Generał zagroził jej, że jeśli tylko cokolwiek zrobi, to „wszystko będzie na nią".

Kobieta twierdziła, że nigdy nie była w miejscu porzucenia zwłok męża. Dopiero w krakowskim Zakładzie Medycyny Sądowej rozpoznała jego ciało. Wyprawiła mu pogrzeb. Kilka tygodni później przeprowadziła się z matką, dziećmi i konkubentem do domu pod Tarnowem, który należał do jej nieżyjącego męża.

W tym czasie Generał zaczął ją nachodzić. Porwał i utopił jej psa. Gdy nie było w domu gospodarzy, wchodził jak do siebie i zabierał cenne rzeczy, głównie antyki.

Generał żądał ode mnie przepisania na siebie całej nieruchomości – wyjaśniała Natalia R. – Podkreślam, że zarówno on, jak i jego żona w tym czasie byli notorycznie pod wpływem narkotyków lub jakichś innych środków odurzających. (...) Potem wyniknęła sprawa z Julką. Córkę zawiozłam do mieszkania Generała dobrowolnie i powiedziałam mu, że ona się u nich prześpi, ponieważ ja muszę gdzieś jechać. Julka się nie bała, ponieważ znała Generała i jego żonę. Zawożąc córkę dobrowolnie, chciałam uniknąć sytuacji, że zostanie ona porwana przez Generała lub jego żonę. Na następny dzień miałam przekazać im pieniądze pochodzące ze sprzedaży działki pod Tarnowem.

Transakcja z winy kupującego opóźniła się o kilka dni. Natalia R. straciła kontakt z córką i wtedy zawiadomiła policję.

– Sprawa robiła się coraz ciekawsza – ożywia się Bogdan. – To trochę jak w średniowieczu, kiedy władcy dawali w zastaw synów lub córki, by mieć gwarancję, że na przykład jakiś ważny sojusz między państwami zostanie zawarty. Człowiek stawał się wekslem czyjejś uczciwości.

Policja pojechała do mieszkania Generała. Julki tam nie było. Dziecko zostało odnalezione w pensjonacie pod Brzeskiem i odwiezione do domu. Niedługo do sądu trafiła sprawa karna, w której Generał wraz z żoną zostali oskarżeni o uprowadzenie dziewczynki. Zatrzymano ich i aresztowano.

Chcę dodać, że jest mi bardzo przykro i bardzo żałuję, że takie sytuacje miały miejsce – zaznaczyła na koniec swoich wyjaśnień Natalia R. – Bardzo żałuję, że dałam się tak nieprawdopodobnie zastraszyć Generałowi i jego żonie i że nie sprzeciwiłam się temu, co zrobili tego dnia z [moim mężem] Jankiem. (...). Nigdy nie planowałam zabójstwa męża, ale też nie sprzeciwiłam się temu zabójstwu i do tego się przyznaję.

W tym samym dniu wyjaśnienia przed prokuratorem złożył konkubent Natalii R. Tomasz K., Malarz.

Przyznaję się do wiedzy o zdarzeniu, które jest przedmiotem zarzutu – zaczął mężczyzna. – W końcu 2006 roku byłem już w konkubinacie z Natalią R. (...) W tym czasie Natalia pozostawała [formalnie] w związku małżeńskim z Januszem, ale ona [wtedy] wyprowadziła się [już] od męża. Dwa, trzy miesiące wcześniej w naszym życiu pojawiło się małżeństwo Generała, to jest Jacka i Bożeny M. Oni chcieli skontaktować się z Januszem, to znaczy potrzebowali namiarów na niego. (...) Chodziło o to, że Janusz był im winny jakieś pieniądze, ale nie był wypłacalny.

Malarz zapamiętał, że kiedyś Generał miał mu powiedzieć, że jak dorwie Janusza, „to go upije i zapije". Przyszedł dzień, kiedy Generał zaprosił Tomasza i Natalię na imprezę. Miał być tam też Janusz.

Gdy tam przyjechaliśmy, to Janusz siedział przy wersalce na podłodze i był pijaniusieńki – opowiadał Malarz. – Był praktycznie nieprzytomny, być może spał. Generał próbował mu coś tam jeszcze wlewać. Nie pamiętam, czy Generał wlewał mu alkohol bezpośrednio z butelki. To on [z tego co pamiętam] mówił, że Janusz sam łykał jakieś specyfiki. To, że Janusz brał jakieś leki przy tym swoim pijaństwie, to już było wiadomo wcześniej. (...) Nie potrafię powiedzieć, kto wpadł na tak szatański pomysł, czy to był Generał, czy też jego żona, żeby ten płyn przelać do dziecięcej butelki ze smoczkiem i w ten sposób podać go Januszowi. Nie przynosiło to jednak efektów, bo Janusz był tak pijany, że wziął ten smoczek do ust, wykrzywił się jak dziecko i nie przyjmował płynu. To było tyle, co ja widziałem na własne oczy. (...). Obserwując całą sytuację, ja, co prawda, miałem w głowie słowa Generała: „ja go zapiję", ale nie za bardzo w to wierzyłem, że Generał chce zabić Janusza.

W którymś momencie Generał stwierdził, że Janusz nie żyje, i powiedział do Natalii: „teraz to ty, kurwa, oddasz te pieniądze".

Ja powiedziałem w szoku że: „Gdzie, kurwa, trzeba jakieś pogotowie wezwać czy coś" – wyjaśniał przed prokuratorem Malarz. – Generał odpowiedział na to, że „jeszcze mi tutaj pogotowia i prokuratury brakuje".

Generał z Malarzem wzięli Janusza pod ramiona i próbowali go przenieść najpierw do windy, a potem do samochodu. Udało się. Generał, jego żona oraz Malarz wsiedli do auta. Zwłoki umieścili na tylnym siedzeniu. Objechali całe miasto. Chcieli porzucić ciało w okolicach dworca kolejowego, ale kręciło się tam dużo ludzi. Wyjechali z Tarnowa. Kiedy mijali cmentarz, Generał powiedział: „Tu musimy się go pozbyć".

„Ciało Janusza R. wyciągnęliśmy wspólnie z Generałem z samochodu i (tak mi się wydaje) oparliśmy o drzewo w pozycji siedzącej", kontynuował wyjaśnienia Malarz.

Mężczyzna utrzymywał, że z konkubiną byli jedynie „biernymi obserwatorami całego zdarzenia".

– Mnożyły się sprzeczności. Raz słyszeliśmy, że samochodem ze zwłokami Janusza R. jechała żona Generała, innym razem, że auto prowadziła Natalia R. – wspomina Bogdan. – Musieliśmy to wyjaśnić. I dotrzeć do Generała.

– Ale on sobie sam wymierzył sprawiedliwość – dodaje Mariusz. – Powiesił się, gdy opuścił areszt po porwaniu Julki.

Kluczowe dla śledztwa okazały się zeznania żony Generała. Kobieta zapamiętała, że kiedy tylko dotarła na imprezę, zobaczyła, że zdenerwowany Malarz palił papierosy w kuchni, a żona Janusza w gumowych rękawiczkach siedziała w fotelu w pokoju i sprawdzała tętno pijanego mężczyzny, który „leżał na stercie koców i kołder" na podłodze.

– W takich przypadkach chodzi o zdobycie przewagi fizycznej nad ofiarą – tłumaczy Bogdan. – Zwykle inicjatorką takich działań jest kobieta.

Krakowskie „Archiwum X" prowadziło do tej pory śledztwa w kilku podobnych sprawach dziwnych i początkowo niewyjaśnionych zgonów.

– Podobna historia wydarzyła się na Podhalu – ciągnie opowieść Bogdan. – Ale ze względu na toczące się jeszcze postępowanie sądowe nie możemy nic zdradzić. Tam także potencjalna sprawczyni to pielęgniarka. Podobnie jak Natalia R., miała wiedzę o lekach, o ich dawkowaniu. W naszej tarnowskiej historii zastosowanie leków w połączeniu z alkoholem świetnie wpisywało się w historię życia ofiary. To mogło wyglądać jak pomyłka. Facet zażył zbyt dużą ilość lekarstw, wcześniej medycznie leczył alkoholizm. I tragedia gotowa.

– Świetnie przygotowane alibi – uśmiecha się Mariusz.

– My to nazywamy „rozsiewaniem iluzji" przez sprawców. Kiedy ta sprawa trafiła do nas, zwróciliśmy uwagę na jedną rzecz: znaleziony obok cmentarza człowiek, choć był mocno pijany, nie miał w ogóle ubrudzonego ubrania ani ubłoconych butów... Przecież musiał jakoś tam dojść! Brak śladu był w tej sprawie śladem. Sprawcy o tym nie pomyśleli. Dodatkowo włożyli martwemu Januszowi R. do kurtki leki psychotropowe, które miały ewentualnie wskazywać na to, że wykończył się sam.

– To był teatr...

– Nie był dźgnięty nożem, nie było też rany wlotowej od kuli... – ożywia się Bogdan.

–...czyli szablonowych, podręcznikowych śladów.

– Wniosek mógł być tylko jeden: nieszczęśliwa śmierć bez udziału osób trzecich. Tak tę sprawę początkowo traktowała prokuratura. Kiedy wracam do tej sprawy, myślę o tym, jak daleko kryminalistyka odeszła od rzeczywistości – kiwa głową Bogdan. – Do tego prokuratura zwracała uwagę, że relacje z przebiegu zdarzenia są rozbieżne i często się wykluczają. Przecież nie ma dwóch takich samych relacji świadków z jednego zdarzenia! Jeden zapamiętuje szczegóły, inny atmosferę, a na to wszystko nakłada się interpretacja. To zabijanie prawdy przez racjonalizację. Czyli jeden z najbardziej niebezpiecznych sposobów oszukiwania samego siebie.

Przełom przyniosło badanie szczątków Janusza R. przez specjalistów z krakowskiego Zakładu Medycyny Sądowej.

– Z pierwszej sekcji zostały tak zwane bloczki parafinowe, czyli zabezpieczone w parafinie fragmenty tkanek, które pobrano do badań histopatologicznych – wspomina Bogdan. – Pamiętam, że spotykaliśmy się wtedy na tak zwanym Olimpie, w pokoiku na poddaszu krakowskiego Zakładu Medycyny Sądowej, gdzie rozmawialiśmy z lekarzami. Jeden z nich zaproponował, żeby zbadać bloczki parafinowe na toksykologii. Ja mówię: „To coś da?" I słyszę: „Nigdy tego nie robiliśmy, co nam szkodzi?".

Już we wstępnym badaniu uzyskano informacje o trzech lekach przyjętych przez Janusza R. przed śmiercią. Wykonane po latach badania toksykologiczne ekshumowanego ciała wykazały to samo.

Podobny los spotkał szczątki Krystyny S., które wyłowiono z Wisły zimą 1999 roku. Zostały one zmacerowane i zachowane w stanie, w jakim zostały odnalezione. Kiedy kilkanaście lat później wznowiono śledztwo, zabezpieczenie szczątków w ten sposób pozwoliło odnaleźć nowe ślady i umożliwiło wykonanie rekonstrukcji 3D obrażeń zewnętrznych i wewnętrznych zamordowanej dziewczyny.

– Na każdym etapie śledztwa wspólnie z prokuratorami i biegłymi zastanawiamy się nie nad tym, jak od sprawy odejść i ją umorzyć, tylko jak ją rozwiązać – uśmiecha się Bogdan. – To jest zawsze proces twórczy, a nie tylko urzędnicze załatwienie sprawy.

Według Bogdana do każdego zabójstwa istnieje indywidualny klucz. To może być miejsce ujawnienia zwłok, przedmiot znaleziony w czasie oględzin w odzieży zmarłego. Może to być cecha charakteru ofiary, przyzwyczajenie, nałóg.

– W sprawie Janusza R. kluczem był alkoholizm – mówi Bogdan. – Ale też miejsce znalezienia zwłok i ich wygląd zwracały uwagę na to, że w tej śmierci maczały palce inne osoby. Elegancko ubrany, pijany w sztok mężczyzna w czystych butach leżał martwy obok bramy cmentarza. To musiało dziwić. Z własnego doświadczenia wiemy, że odnalezieniu takiego klucza towarzyszy zdziwienie. A więc coś, co ja definiuję jako doświadczenie wewnętrzne detektywa.

Bardzo ważne okazały się też badania wariograficzne – dodaje Mariusz. – Wykonywał je człowiek, który współpracuje z krakowskim policyjnym „Archiwum X" od samego początku.

Jacek Bieńkuński – uśmiecha się Bogdan. – Mistrz, który nie chciał należeć do cechu i wybrał pracę w pojedynkę.

Badanie wariograficzne przeprowadzone przy pomocy tzw. wykrywacza kłamstw wykazało, że zabójstwo Janusza R. miało nieco inny przebieg niż ten przedstawiony w zeznaniach jego żony. Impreza alkoholowa, w której oprócz ofiary brali udział Generał i Natalia R., rozpoczęła się w domu należącym do Janusza R. Kiedy nie udało się zapić mężczyzny na śmierć, nad ranem wszyscy przenieśli się do bloku w Tarnowie, do mieszkania Generała. Tam dołączyli do nich Bożena M. i Malarz. Zwłoki na cmentarz przewieźli Generał, żona zamordowanego i Malarz. Wszystko to trwało ponad dwa dni.

Kluczowe były słowa, które od żony Janusza R. usłyszała Bożena M., kiedy stanęła w drzwiach mieszkania w bloku, w którym odbywała się druga część imprezy: „To nawet nie był człowiek. Co, mieliśmy czekać, aż cały majątek przepije, [a] tak tylko pomogliśmy w jego i tak zbliżającej się śmierci".

Po wszystkim Generał zniszczył smoczek z butelki, którą poił Janusza R., i spuścił go w toalecie. Wyrzucił butelki po wódce oraz opakowania po lekach uspokajających. Umył podłogę, fotel, a na końcu samochód. Następnego dnia pojechał na cmentarz pod Tarnowem, ale zwłok Janusza już tam nie było.

Później wszyscy czworo: Generał z żoną oraz Natalia R. z konkubentem, ustalili, że „w razie W", potwierdzą, że się znają, ale nie widzieli Janusza w dniach poprzedzających odnalezienie jego zwłok.

– To było typowe „rozsiewanie iluzji" – uśmiecha się Bogdan. – Podejrzane też powinno wydać się to, że zaginięcie zostało zgłoszone późno, bo dopiero po dziesięciu dniach. Nazajutrz po zgłoszeniu żona rozpoznała zwłoki męża w prosektorium krakowskiego Zakładu Medycyny Sądowej.

Kilka lat po zabójstwie Generał powiedział przy piwie jednemu ze swoich znajomych, że „dał się wykiwać tej rudej kurwie i że nie potrafił wykończyć szybko Januszka".

– W tej sprawie potwierdziła się też stara zasada, że ludzkie sumienie jest najlepszym sędzią – kiwa głową Bogdan. – To poczucie winy doprowadziło Generała do samobójstwa. Karę śmierci wymierzył sobie sam.

Blisko dziesięć lat po zbrodni w sprawie zapadły wyroki sądowe. Natalia R. otrzymała karę dwunastu lat pozbawienia wolności, a jej konkubent dwa lata za nieudzielenie pomocy.

– W polskim prawie nie ma zasady równowagi – denerwuje się Bogdan. – Według mnie prawa sprawcy stoją wyżej niż prawa ofiary. Wszelkie wątpliwości są rozpatrywane na korzyść oskarżonego. To trochę tak, jakby w biegu na sto metrów ktoś pobiegł pięć, sześć sekund wcześniej. Kto ma fory, zawsze wygrywa. Gdy rozmawiam ze studentami prawa, często zadaję im pytanie: czy prawa dla pokrzywdzonych i podejrzanych wyjmowane są z jednego koszyka czy też z dwóch różnych? Zazwyczaj odpowiadają, że z dwóch różnych. A prawda według mnie jest taka, że istnieje tylko jeden koszyk. Jeżeli z tego koszyka więcej damy podejrzanym, to automatycznie zabierzemy prawa pokrzywdzonym...

– Za dużo przepisów, za dużo wykrętów. Chciał, a nie mógł... Może popchnął... Nie chciał zrobić krzywdy, ale zabił... – wylicza Mariusz.

– Nadmiar szkodzi. Może wystarczyłoby wrócić do Mojżesza i dwóch tablic z dziesięciorgiem przykazań? – zastanawia się Bogdan. – Co zrobił król

Salomon, kiedy miał rozstrzygnąć, czyje jest dziecko? Kazał je rozciąć na pół. Czy chciał w ten sposób zadać cierpienie? Nie! On przeprowadzał eksperyment, żeby poznać prawdę. Patrzył na obie kobiety i szukał w nich miłości do dziecka.

Bogdan milknie na chwilę i zaciąga się papierosem.

– W mieszkaniu Generała, gdzie zginął Janusz R., też nie było miłości. Podczas wizji lokalnej w tym domu zauważyłem, że pies w ogóle na nas nie szczeka – podejmuje po chwili policjant. – Tylko cały czas patrzy w kąt pokoju. Tam, gdzie umierał człowiek. Jakby zwierzę wyczuło, że śmierć, która się tu wydarzyła, pozostawiła po sobie pustkę tak dojmującą jak czyjaś obecność. Jak oddech ducha.

Ślady pamięciowe

8

Badania wariograficzne, potocznie nazywane wykrywaniem kłamstw, mają w polskiej kryminalistyce krótką historię.

Pierwszy poligraf Kellera zakupiło w latach pięćdziesiątych Ministerstwo Bezpieczeństwa Publicznego. Badania były przeprowadzane na potrzeby służb specjalnych PRL[15], a ich wyniki nie były ujawniane opinii publicznej. Błędy[16] przy przeprowadzaniu badań poligraficznych popełnione w kilku sprawach w latach sześćdziesiątych zaważyły na ich negatywnej ocenie przez sądy.

Pierwsze testy dotyczące przestępstw pospolitych przeprowadzono w polskim wojsku w 1969 roku w sprawie kradzieży pistoletu w jednej z jednostek garnizonu warszawskiego. Badania pozwoliły wskazać „zdenerwowanego żołnierza”, który jak się później okazało, rzeczywiście ukradł broń, a później w areszcie chwalił się koledze z celi, że zamierza ją sprzedać[17].

Lata siedemdziesiąte były w Polsce przełomowe dla rozwoju badań poligraficznych. Wtedy kierownictwo Wojskowej Służby Wewnętrznej zaczęło wykorzystywać poligraf Kellera do testowania osób podejrzewanych o zabójstwa. Badania miały charakter operacyjny i ich wyniki nie trafiały do akt procesowych[18], ale liczyły się wyciągane z nich wnioski i metodyka samych badań, która jest z niewielkimi modyfikacjami stosowana do dziś.

Po reformie kodeksu postępowania karnego z 1997 roku badania poligraficzne nie zmieniły wyraźnie swojego dotychczasowego statusu, choć wyrok Sądu Najwyższego z grudnia 1998 roku uznawał dopuszczalność ekspertyzy z tych badań[19]. Zasadnicze zmiany w traktowaniu badań poligraficznych wprowadziła nowelizacja kodeksu postępowania karnego z roku 2003. Według niej badania te mają pełnić przede wszystkim funkcje eliminacyjne na etapie postępowania przygotowawczego prowadzonego przez prokuraturę. Mogą być też uznawane przez sąd za dowód, przyczyniając się do pełniejszej oceny innych zebranych w konkretnej sprawie dowodów.

Jacek Bieńkuński wykonuje badania na poligrafie, czyli „wykrywaczu kłamstw", od ponad dwudziestu ośmiu lat. Wcześniej był mistrzem techniki kryminalistycznej. Większość badań poligraficznych wykonuje na potrzeby śledztw prowadzonych przez krakowskie „Archiwum X".

– Współpracę zaproponował mi Bogdan Michalec – opowiada Bieńkuński. – Badałem wtedy podejrzanego o próbę zabicia dziewczyny. Postanowiłem zastosować testy, które wykorzystuję na co dzień, czyli techniki amerykańskie: w pierwszej kolejności zestaw pytań kontrolnych Reida i Matta, które dotyczą okoliczności sprawy oraz okresu z przeszłości badanej osoby. Składają się na nie pytania niezwiązane ze sprawą, związane ze sprawą i kontrolne. Pytania niezwiązane ze sprawą mogą na przykład dotyczyć pogody: czy dzisiaj jest słoneczny dzień? Czy dziś pada deszcz? Związane ze sprawą mogą brzmieć: czy to ty dokonałeś zabójstwa Joanny S.? Czy wiesz, gdzie jest ukryte ciało? Czy zacierałeś ślady tej zbrodni? I kontrolne: czy pomiędzy szesnastym a dziewiętnastym rokiem życia dokonałeś zbrodni zabójstwa dotąd nieujawnionej?

Testy te zostały uzupełnione przez Jacka Bieńkuńskiego o tak zwany test szczytowego napięcia z rozwiązaniem przyjętym na podstawie zebranego materiału *modus operandi*, czyli pytania oparte na zebranym materiale dowodowym. Jeśli biegły nie dysponuje materiałem dowodowym, wtedy przeprowadza test z poszukiwanym rozwiązaniem na podstawie hipotetycznych założeń dotyczących przebiegu zdarzenia. W ostatnim przypadku, dysponując materiałem dotyczącym *modus operandi*, bardzo często udaje się ustalić, gdzie sprawca ukrył narzędzie zbrodni lub zwłoki. Wszystkie testy Jacek Bieńkuński starał się połączyć w całość tak, aby zwiększyć pewność w zakresie trafności oceny tego, co badacz od osoby badanej usłyszał, i tego, co zarejestrował wariograf.

– Od początku widziałem, że Bogdan Michalec ma dużą wiedzę na temat stosowanej przeze mnie metody – kontynuuje swoją opowieść biegły. – Interesowała go też natura kłamstwa, dużo na ten temat rozmawialiśmy.

Okazało się, że badania wykonane wtedy przez Bieńkuńskiego zakończyły się sukcesem. Podejrzany podczas testów kilka razy skłamał. Był młody. Zdradziły go emocje.

Jako biegły z zakresu badań poligraficznych, Bieńkuński zaczął pracę we wrześniu 1990 roku, kiedy powstawał Zakład Techniki Kryminalistycznej i Ochrony Specjalnej Żandarmerii Wojskowej w Warszawie. W nowej jednostce zwolniło się miejsce po dwóch biegłych, którzy przeszli do tworzonej wówczas podobnej komórki w Urzędzie Ochrony Państwa. Bieńkuński odziedziczył po nich pokój i setki rolek z zapisami badań wariograficznych. Brakowało jednak do nich opisów, pytań testowych. Ogromny materiał archiwalny okazał się więc bezużyteczny przy doskonaleniu autorskiej metody i wypracowaniu nowego systemu badań. Na szczęście poprzednicy Bieńkuńskiego zostawili po sobie kilka amerykańskich podręczników.

– Dzięki temu mogłem się uczyć teorii – wspomina. – W praktyce ćwiczyłem się, badając kolejne sprawy, które mi zlecano. Pomógł mi też doświadczony w badaniach poligraficznych kolega, z którym wyjeżdżałem w teren. On mi dużo podpowiadał, analizował ze mną poszczególne przypadki. Jeśli było trzeba: poprawiał. Nie zawsze się z nim zgadzałem, szybko stawałem się samodzielny.

Bieńkuński zajmował się wtedy głównie badaniami wariograficznymi osób podejrzewanych o nieumyślne spowodowanie śmierci, postrzelenia i kradzieże broni. Były to najczęściej sprawy poszlakowe, w których materialnych dowodów winy było niewiele.

– Miałem dużo szczęścia, bo trafiałem na sprawy, które w krótkim czasie zostały wyjaśnione i wyniki przeprowadzonych przeze mnie badań wariograficznych bardzo szybko weryfikowano, w większości wypadków pozytywnie – wspomina Bieńkuński. – Żadna z opracowanych przez mnie ekspertyz nie została zakwestionowana przed sądem. Jeśli ktoś zostawał uniewinniony, to tylko z powodu braku innych dowodów winy.

Bieńkuński wiedział, że musi eksperymentować i szukać nowych metod badawczych.

– Każda ze spraw była inna i każda czegoś mnie nauczyła. Kiedy nie było zleceń w terenie, brałem kandydatów do badań z łapanki na korytarzu w pracy. Prosiłem kolegów, żeby starali się oszukać urządzenie, żeby kłamali. Te proste ćwiczenia pozwoliły mi lepiej poznać zasadę działania aparatu do badań poligraficznych, umożliwiły ćwiczenie się w odczytywaniu wyników. Ale kiedy tylko pojawiałem się na korytarzu, nawet tłumek palaczy znikał w kilka sekund – śmieje się biegły.

Po ośmiu latach Bieńkuński na własną prośbę rozstał się ze służbą i rozpoczął współpracę z policją, prokuraturą oraz sądami. Wtedy też przeprowadził pierwszą ekspertyzę na potrzeby sprawy prowadzonej przez policjantów z utworzonego w 2004 roku krakowskiego „Archiwum X”.

– Opuściłem wojsko, usamodzielniłem się. Sprawy zaczęły się mnożyć, co wiązało się z podróżami po kraju.

Podczas wyjazdów w teren prokuratorzy i oficerowie policji uczyli się logistyki badań poligraficznych, przede wszystkim przygotowania właściwego pomieszczenia.

– To nie mógł być pokój przechodni ani sekretariat – wyjaśnia Bieńkuński. – W dobrym pomieszczeniu nic nie rozprasza biegłego ani badanego. Panuje w nim cisza.

Z czasem warunki stawały się coraz lepsze. Niezwykle ważne było też samo typowanie osoby do badania poligraficznego. Na początku trzeba było określić, w jakim stanie badana osoba powinna się znajdować. I odpowiedzieć sobie na pytanie, czy badanie nie jest pozbawione podstaw.

– Na badanie osoba wytypowana musi wyrazić zgodę – opowiada biegły. – Nie może mieć gorączki, nie może być przeziębiona. Niewskazane jest przeprowadzanie badania z udziałem osoby niedawno przesłuchiwanej. Nie można też badać osób chorych psychicznie. Osoba chora psychicznie nie rozumie, że czyn, którego się dopuściła, jest czynem zabronionym, karalnym, a ona sama może ponieść konsekwencje prawne. Nie jest świadoma tego, o co jest pytana. Często nie rozumie treści pytań. Ale kilka razy podejmowałem badanie, ryzykując, że

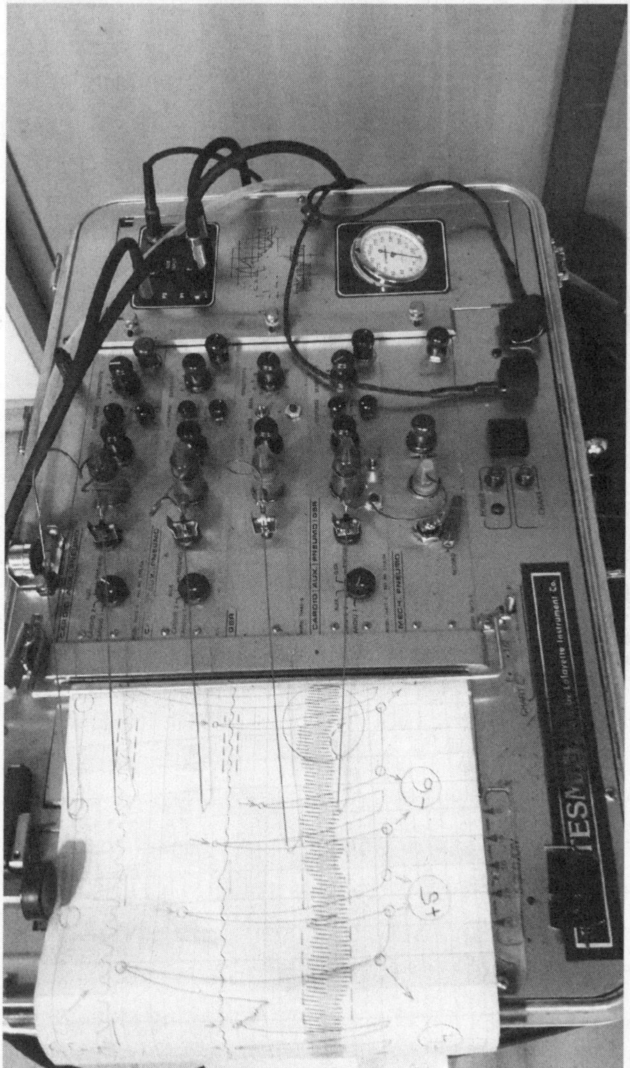

Wariograf firmy Lafayette (USA) używany do badań wariograficznych przez Jacka Bieńkuńskiego (fot. Archiwum Jacka Bieńkuńskiego)

zgłaszana przez badanego choroba psychiczna spowoduje, że uzyskane wyniki trzeba będzie wyrzucić do kosza.

Co się wtedy działo?

– Często po moich badaniach ci ludzie trafiali do biegłych psychiatrów lub psychologów, którzy potwierdzali lub nie, że te osoby wykazywały zaburzenia psychiczne, albo potwierdzali etap choroby psychicznej, na którą cierpiał badany przeze mnie człowiek – wyjaśnia Bieńkuński. – Ale zwykle byli to logicznie myślący ludzie, którzy odróżniali dobro od zła, prawdę od fałszu. I często dowody wskazywały, że mogli dopuścić się zbrodni, o które oskarżała ich prokuratura, a moje badania to potwierdzały. Schorzenia psychiczne w ich wypadku były świadomie wykorzystywaną zasłoną dymną, która mogła doprowadzić do złagodzenia wyroku, ale w żadnym wypadku nie zmazywała ich winy.

Jak wygląda procedura badania? Sam test nie trwa długo. Jego podstawą jest zwykle protokół z oględzin miejsca zdarzenia i znalezienia zwłok. W czasie testu zadaje się od czternastu do szesnastu pytań, które nie układają się w sekwencje. Osoba badana wcześniej zapoznaje się z treścią pytań. Oczekiwane odpowiedzi to wyłącznie „tak" lub „nie". Niekiedy stosowane są testy tak zwanych milczących odpowiedzi, kiedy badany wyłącznie słucha zadawanych przez biegłego pytań i nie odpowiada. Padają pytania krytyczne, dotyczące zbrodni, ale też zupełnie obojętne, na przykład: „Czy dziś jest środa?", „Czy masz na imię Marek?". Wreszcie pytania kontrolne dotyczące tego samego typu przestępstwa, w sprawie którego przeprowadzane jest badanie.

– Z zastrzeżeniem, że pytania te dotyczą odległej przeszłości, związku osoby z popełnieniem kiedyś podobnego przestępstwa, za które nie poniosła ona konsekwencji prawnych – dodaje biegły. – Jeśli trafiliśmy, to reakcja badanego jest w przypadku pytań kontrolnych dużo silniejsza niż podczas udzielania odpowiedzi na pytania krytyczne.

Jacek Bieńkuński we wnioskach z przeprowadzanych ekspertyz używa często określenia: „z dużym prawdopodobieństwem".

– Nie jestem Bogiem – uśmiecha się. – Zawsze jestem ostrożny w formułowaniu opinii. Jednak na moją korzyść przemawia wieloletnie doświadczenie. To nie przypadek, że te niegdyś niezbyt cenione przez polskie sądy opinie są coraz częściej cytowane w uzasadnieniach wyroków.

Bieńkuński często powtarza, że tylko i wyłącznie na bazie wykonywanych przez niego badań nie można wydać prawomocnego wyroku.

– Potrzebne są inne dowody – podkreśla biegły. – Bez nich moje badania nie mają sensu. Przypomina mi się sprawa zabójstwa bezdomnej prostytutki z Krakowa, którą rozwiązało „Archiwum X"...

Materiał dla biegłego przygotowywali policjanci i prowadzący śledztwo prokurator[20].

Ci ludzie się bardzo angażowali w sprawę, często kosztem prywatnego czasu i życia osobistego – mówi Bieńkuński. – Ale mieli niesamowite doświadczenie zawodowe i życiowe.

W pytaniach, które biegły zadawał podczas kilkunastu wykonanych wtedy ekspertyz wariograficznych, wykorzystano informacje na temat zabójstwa, kawałkowania zwłok ofiary oraz ukrywania wiedzy na temat popełnionej zbrodni.

Główny podejrzany o pseudonimie Szeryf na pytanie Jacka Bieńkuńskiego, co wie lub czego się domyśla na temat zabójstwa i rozkawałkowania zwłok kobiety w 2005 roku, odpowiedział: „Pierwszy raz słyszę od pana o takiej sprawie".

– Sprawcy często przyjmują strategię „mnie tam nie było" – uśmiecha się biegły. – Jeśli jednak znajdą się świadkowie, to sprawca jest pogrzebany.

W sprawie zabójstwa prostytutki to między innymi wyniki badań wariograficznych doprowadziły do skazania sprawców i współsprawców zbrodni.

Co dzieje się, kiedy sprawca działał sam?

– Jest trudniej – przyznaje Bieńkuński. – Ale nawet wtedy możliwe jest rozpracowanie takiego człowieka przez umiejętnie skonstruowane pytania.

Pytania muszą wynikać z materiału dowodowego. Czasami chodzi o szczegół wyglądu zwłok, który może znać tylko sprawca, jak na przykład blizna na brzuchu ofiary, kolor włosów albo nawet kolor lakieru do paznokci lub bielizny.

– Chodzi o to, żeby sprawca powiedział nam więcej, niż do tej pory dowiedzieliśmy się z zebranego w śledztwie materiału. To prawie zawsze się udaje – kiwa głową Bieńkuński. – „Śladów pamięciowych" nie da się wymazać, zostają w człowieku na zawsze. Chyba że w międzyczasie przytrafi mu się poważne schorzenie neurologiczne, nowotwór albo uraz. Ale zdrowy człowiek pamięta to, co zrobił i w czym uczestniczył. Nazywa się to „pamięcią długofalową". Prawie każdy człowiek zapamiętuje zwłaszcza to, co złe, co wywołało w nim silne emocje.

Bieńkuński nie lubi określenia „wykrywanie kłamstw", choć w mediach ta nazwa przyjęła się od dawna. Kiedyś po zakończonym badaniu pewien duchowny zapytał go: „Czy ja kłamałem?". Biegły odpowiedział: „Proszę księdza, jeśli o to chodzi, odsyłam do wróżki".

– Badania wariograficzne są jedną z metod pracy wykrywczej, którą zajmuje się kryminalistyka – podsumowuje biegły. – Chodzi o ustalenie, czy w świadomości osoby istnieją „ślady pamięciowe" związane z przestępstwem. Czy dysponuje on „wiedzą na temat przebiegu i okoliczności zdarzenia oraz ewentualnych osób mających związek z danym czynem". Zebrane podczas badania dane są analizowane przez biegłego, a ich opracowanie składa się na ekspertyzę zawierającą wnioski dotyczące okoliczności zbrodni, wspólników sprawcy, czasami miejsca ukrycia zwłok i tego, co po śmierci działo się z ciałem ofiary. Całość

Schemat powstania śladu pamięciowego (rysunek opublikowany w książce J. Bieńkuńskiego *Rozwój badań poligraficznych (wariograficznych) w siłach zbrojnych RP w latach 1969–1998*, Warszawa 2002, s. 75, rys. płk dr Aleksander Krzyścin)

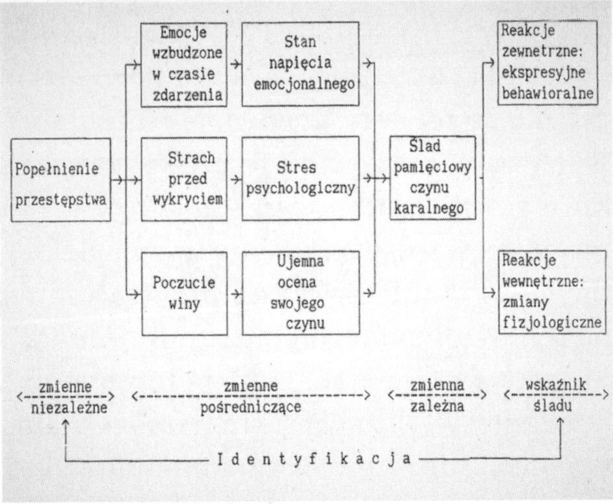

wieńczy opinia na temat zachowania badanego. Wynik badania jest materialnym zapisem procesów emocjonalnych, zachodzących podczas kolejnych etapów testu.

– Nie można o niczym zapomnieć. Badacz bardzo często występuje potem podczas rozprawy, a wtedy sąd weryfikuje jego pracę – podkreśla biegły. – Jeśli zrobiłbym coś niedbale lub w pośpiechu, mogę za to odpowiedzieć głową i stracić opinię fachowca.

W sprawie Krystyny S. również przeprowadzono badania wariograficzne. Do czasu zakończenia procesu i wydania prawomocnego wyroku ich wyniki nie mogą być ujawniane opinii publicznej.

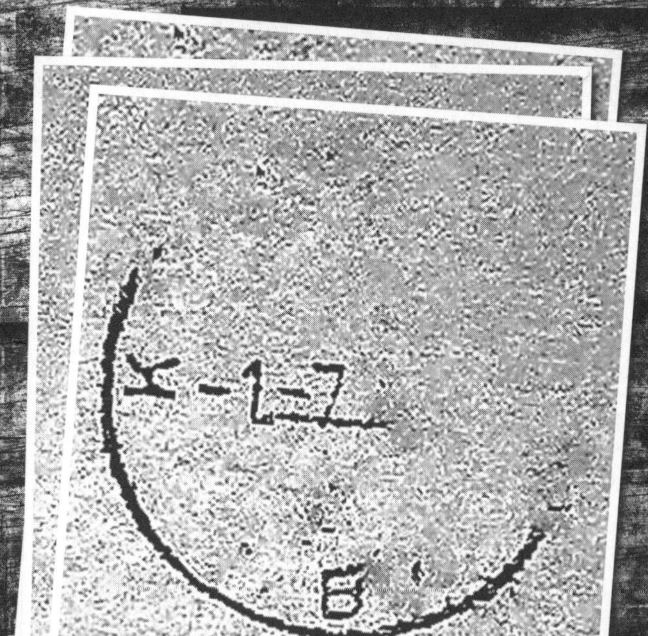

List od zaginionego mężczyzny

9

„Każda sprawa ma swój czas”, lubi powtarzać Bogdan.

– Nikogo nie chcę usprawiedliwiać za brak efektów – zastrzega się policjant. – Ale wierzę, że niczego na tym świecie nie można przyspieszyć. Sprawa morderstwa Krystyny S. była kilkakrotnie umarzana i wznawiana. Jej finał też miał swój czas.

Najczęściej to najbliżsi – w przypadku Krystyny S. była to matka – dążą do wyjaśnienia czyjegoś tajemniczego zniknięcia lub niewyjaśnionej śmierci. Krystynę S. początkowo uznano za zaginioną. Dopiero badania porównawcze DNA z wyłowionymi z Wisły zwłokami pozwoliły odkryć jej los.

Tego typu sprawy należą według Bogdana do tzw. ciemnej liczby zabójstw, kiedy to za zaginięciem kryje się tak naprawdę tragiczna śmierć poszukiwanej osoby. Krakowskie „Archiwum X” zajmuje się tą kategorią zbrodni jako jedyne na świecie. Sama „ciemna liczba zabójstw” nie wynika, według Bogdana, z jakiegoś matematycznego wzoru. Inne liczby ukrywają się za przypadkami utonięć, inne za nieszczęśliwymi wypadkami, jak upadki z wysokości, ze schodów czy potrącenia. Jeszcze inne dotyczą przypadków niewyjaśnionych zaginięć. Olbrzymia „ciemna liczba zabójstw” kryje się – według policjantów z krakowskiego „Archiwum X” – pod niewinnie brzmiącym stwierdzeniem: „niewłaściwa kwalifikacja czynu”.

– Ten podzbiór „ciemnej liczby zabójstw” jest na tyle charakterystyczny, że warto się nim zajmować –

kontynuuje Bogdan. – Na początku takiej sprawy istnieje zwykle kilka wersji wydarzeń, ale po sporządzeniu analizy powinno się wybrać jeden prawdopodobny scenariusz. Dużo wersji to niepotrzebny chaos. Fachowiec wyczuje, która z nich jest najbardziej prawdopodobna. Nie ma sensu skakanie po wersjach, zwykle robią to ci, którzy nie mają pojęcia o sprawie, licząc na łut szczęścia. Zupełnie inaczej było ze sprawą mężczyzny, która trafiła do nas dwadzieścia sześć lat po jego zaginięciu...

Robert W. wyszedł z domu na początku lipca 1981 roku. Mieszkał wtedy na wsi niedaleko Kielc, w domu swojej drugiej żony.

W połowie czerwca 2007 roku do policjantów z krakowskiego „Archiwum X" zgłosiła się siostra zaginionego, Sabina W., twierdząc, że jej brat mógł zostać zamordowany. Od czasu zaginięcia nie kontaktował się ani z nią, ani z nikim z rodziny.

– Po wysłuchaniu jej opowieści miałem już swoje podejrzenia – uśmiecha się Bogdan – Podpowiadały mi je doświadczenie i zrozumienie zasad funkcjonowania „ciemnej liczby zabójstw".

Dlaczego najbliżsi chcieli, by policja ponownie przyjrzała się sprawie?

„Generalnie chodzi mi o to, żeby mój brat miał normalny pogrzeb", powiedziała siostra zaginionego. Mówiła, że „gdyby Robert żył, toby się do mnie odezwał. (...) Robert miał w zwyczaju chętnie odwiedzać swoją rodzinę. Nie sądzę, żeby przez te wszystkie

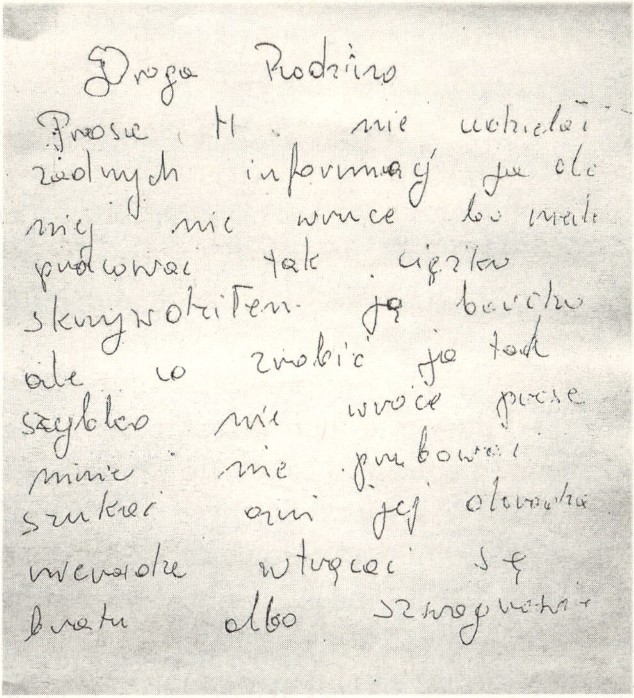
Droga Rodzino
Prosze H. nie udzielaj
żadnych informacji że do
mnie nie wróce bo mało
pudowac tak ciężko
skrzywdziłem. ja bardzo
ale co zrobić ja tak
szybko nie wróce prosze
mnie nie próbować
szukać ani jej [illegible]
wewnątrz wtrącać się
bratu albo szwagrowi

Kopia listu, który siostra Roberta W. otrzymała kilka tygodni po jego zaginięciu

lata się nie odzywał, nawet jeśli chciałby zerwać [z nami] kontakt”.

Sabina W. zeznała, że w pierwszej połowie lipca 1981 roku, kilka dni po zniknięciu Roberta, do jej matki przyjechała żona zaginionego, Halina, opowiedziała, że doszło do awantury, i Robert wyjechał z domu. Miał wziąć ze sobą pieniądze, ale Halina twierdziła, „żeby się [tym] nie martwić”.

Dwa lub trzy tygodnie po wizycie żony do siostry zaginionego przyszedł list:

Droga Rodzino,

Proszę Halince nie udzielać żadnych informacji.

Ja do niej nie wrócę bo nie chcę pracować tak ciężko.

Skrzywdziłem ją bardzo ale co zrobić.

Ja tak szybko nie wrócę. Proszę mnie nie próbować szukać ani jej [nie] doradzać.

Nie radzę [też] wtrącać się [w to mojemu] bratu albo szwagrowi.

List nie miał daty, nie było informacji o miejscu, gdzie został napisany, brakowało też podpisu. Siostra zaginionego stwierdziła, że to nie jej brat napisał ten list. „To nie był jego charakter pisma", utrzymywała. Była to jedyna wiadomość, jaką bliscy Roberta W. otrzymali od chwili jego zniknięcia.

Niewyraźna pieczątka na kopercie wskazywała, że list mógł zostać wysłany w Kielcach.

Fragment pieczątki z koperty, w której został wysłany list

– Z treści listu wynikało, że żona Roberta była w porządku – zauważa Bogdan. – Mąż ją skrzywdził i musiał z tego powodu zniknąć. Bardzo proste wytłumaczenie. Ale w liście kryła się sprzeczność: skoro żona była dobra, to dlaczego mężczyzna wyjechał? Czasami warto skoncentrować się na szczegółach. Bo jak patrzysz zbyt ogólnie, najistotniejszy szczegół może ci umknąć.

Poszukiwania Roberta W. trwały krótko. Dwa lata po zaginięciu jego siostra otrzymała informację z Komendy Głównej MO, że Robert „nigdzie w kraju nie meldował się, jak też nie przebywał i nie przebywa w więzieniu". Milicja obiecała opublikowanie „w prasie o zasięgu krajowym komunikatu z fotografią zaginionego". Ale zdjęcie Roberta W. wprowadzono do Krajowego Systemu Informacji Policji dopiero w kwietniu 2000 roku, czyli dziewiętnaście lat po zaginięciu mężczyzny.

– W tej sprawie koledzy policjanci nie wykazali się energią ani dociekliwością – irytuje się Bogdan. – Kiedy analizowałem akta tej sprawy, uderzył mnie chaos działań poszukiwawczych prowadzonych przez ludzi, którym przecież powinno zależeć!

– To dotyczy wielu spraw, nad którymi pracowało „Archiwum X" – dodaje Mariusz.

– Niedbalstwo, lenistwo i papierologia, szumnie nazywana zasadą dokumentacji. Dyfuzja odpowiedzialności. Nic dobrego z tego nie wynika.

– Kluczowe było na przykład wykonanie ekspertyzy anonimowego listu – zauważa Mariusz.

– Ekspertyzę wykonano dwa lata po zaginięciu, ale to dopiero my ustaliliśmy, kto był autorem listu – ożywia się Bogdan. – Tak było też z przesłuchaniami kluczowych świadków. Sprawa zaginięcia Roberta W. była niechętnie wykazywana w statystykach przez komisariat milicji, który ją prowadził. Duża część akt zaginęła.

Policjantom z krakowskiego „Archiwum X" udało się zrekonstruować ostatnie chwile życia mężczyzny. Był piątek, 3 lipca 1981 roku.

Robert W. odwiedzał krewnych niedaleko Kielc. Trochę wypił. Do domu postanowił wrócić po północy. Do R. szedł pieszo, miał do pokonania dziesięć kilometrów.

Następnego dnia rano do sołtysa w R. wpadł rozgorączkowany Józef S., teść Roberta W. Chciał skorzystać z telefonu i zadzwonić na milicję, bo jego zięć wrócił nad ranem pijany i wszczął awanturę. Na milicję nie udało się dodzwonić, więc sołtys poszedł z Józefem do jego gospodarstwa, żeby uspokoić sytuację i zobaczyć, co się tam wydarzyło. Kiedy wchodzili na podwórko, zatrzymała ich żona Roberta W., Halina, mówiąc, że „Robuś zasnął". Sołtys nie wszedł do środka i już nigdy Roberta nie zobaczył.

Kilka dni później Halina W. pojechała do rodziców Roberta. Opowiedziała jego matce, że Robert wrócił do domu pijany i zrobił awanturę. Po wszystkim zabrał z kredensu pieniądze na rozbudowę domu i drogą przez las poszedł w kierunku przystanku autobusowego. Do domu nie wrócił. Halina nie była zaniepokojona tym faktem, podkreślała, że „Robuś pewnie wróci". Nie zgłosiła zaginięcia milicji.

Dwa lub trzy tygodnie po wizycie Haliny rodzice Roberta dostali niepodpisany list. Z jego treści wynikało, że mógł zostać napisany przez ich zaginionego syna. Wątpliwości co do autorstwa listu od samego początku miała Sabina. Jej brat przecież nigdy żadnych listów nie pisał.

Sabina W. zgłosiła zaginięcie brata na posterunku MO i wysłała pismo do Ministerstwa Spraw Wewnętrznych w Warszawie, dołączając do niego otrzymany anonim. Na komisariacie, który prowadził sprawę poszukiwawczą, anulowano ją w systemie komputerowym po pięciu dniach, w listopadzie 1981 roku. Przesłuchiwany po latach funkcjonariusz nie potrafił wytłumaczyć, dlaczego to zrobił.

Dopiero śledztwo wznowione w październiku 2008 roku przez policjantów z „Archiwum X" ujawniło wiele zaskakujących meandrów w tej z pozoru prostej sprawie poszukiwawczej.

– Okazało się, że po zaginięciu męża Halina bardzo szybko związała się z innym mężczyzną – opowiada Bogdan i dodaje, że to norma w tego typu sprawach.

Konkubent Haliny zeznał po latach:

Nie mogę powiedzieć co się stało z Robertem, bo tego nie wiem. Coś się musiało z nim stać, bo go nie ma, ale ja nie wiem co to mogło być. Zupełnie nie wiem, czy on jeszcze żyje, czy też nie.

Ludzie we wsi widzieli, jak po zaginięciu Roberta jego teść palił w lesie ubrania. Rok po tym, jak Robert wyjechał gdzieś z pieniędzmi na remont, rozpoczęto rozbudowę domu.

– Ja to nazywam „zakłamywaniem rzeczywistości i rozsiewaniem iluzji" przez sprawcę – mówi Bogdan. – Tak wynikało z zeznań kolejnych świadków i z dokumentów, do których docieraliśmy. To cały czas jednak była sprawa o zaginięcie, nie było przecież zwłok. Pierwszy materiał procesowy mieliśmy w ręku dopiero po dwudziestu siedmiu latach od zdarzenia. Rozumiał to dobrze prowadzący sprawę prokurator. Bez jego wsparcia prowadzenie tego śledztwa nie byłoby możliwe. Pomogli też inni. Oryginał anonimu udało się nam odnaleźć dzięki bezinteresownej pracy policjantów zajmujących się archiwizacją akt.

List ponownie zbadali biegli z krakowskiego Instytutu Ekspertyz Sądowych. Okazało się, że jego autorką była żona Roberta W., Halina, która jednak temu zaprzeczyła. Później została oskarżona o składanie fałszywych zeznań.

– Dla nas kluczowy był czas – podkreśla Bogdan. – Zabójstwo w ówczesnym kodeksie karnym przedawniało się po trzydziestu latach. Dla mnie upływ czasu ma jeszcze dodatkowe znaczenie. To jest jeden z dowodów, że ktoś, kto zaginął, nie żyje. Ucieczka i zerwanie kontaktów z bliskimi jest stanem odwracalnym. Ktoś, kto wyjechał, może wrócić, za jakiś czas dać znak. Gdy od zaginięcia mijają lata, mam pewność, że ta osoba nie żyje.

Po zbadaniu anonimowego listu wykonano badania wariograficzne żony Roberta W.

Biegły Jacek Bieńkuński we wnioskach z analizy zaznaczył „bardzo silne reakcje na pytania krytyczne, co mogło wskazywać na jej przestępczy udział w ewentualnym zabójstwie Roberta W.". Podczas badania Halina W. próbowała zafałszować jego wyniki poprzez tak zwaną ucieczkę myślową. Żeby oszukać urządzenie, badani potrafią się nawet modlić lub starają się myśleć o rzeczach nieprzyjemnych, żeby wywołać odpowiednią reakcję organizmu. Policjanci z „Archiwum X" z własnego doświadczenia znają przypadek kobiety, która włożyła sobie do buta kawałek szkła, żeby podczas badania dokonać samookaleczenia.

Według Bogdana Halinie W. chodziło o zasianie niepewności w prowadzących śledztwo, że w jej przypadku wskazania wariografu należy traktować jako błędne. Kobieta twierdziła, że kiedyś przy badaniu ciśnienia maszyna w szpitalu również się pomyliła.

– Widziałem często na zapisie badań wariograficznych, jak biorący w nich udział ludzie próbują oszukać urządzenie – uśmiecha się Bogdan. – Pani Halinie jednak się to nie udało. Dla nas było jasne, że próbuje za wszelką cenę ratować swoją skórę dzięki złudzeniu wiarygodności.

Po analizie anonimowego listu i badaniach wariograficznych prokurator wydał decyzję o przeszukaniu domu Haliny W. Planowano odnaleźć zwłoki mężczyzny.

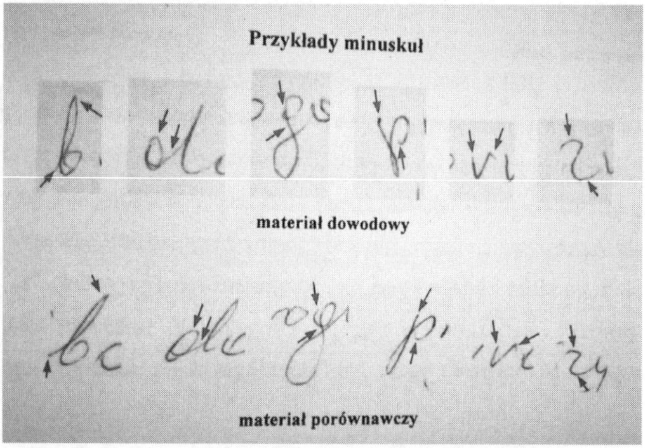

Fragmenty analizy anonimowego listu z próbką pisma – minuskuły to małe litery

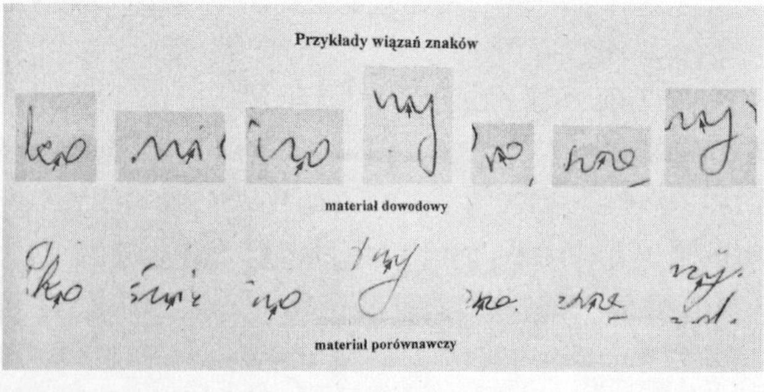

Instytut Ekspertyz Sądowych im. prof. dra Jana Sehna w Krakowie

– Przyjazd ekipy policyjnej do wsi jest zawsze wielkim wydarzeniem – zaczyna opowieść Bogdan. – Gapie, życzliwi sąsiedzi i dzieciarnia. Nie zatrzyma ich nic. Nawet policyjna taśma.

Problemem okazali się nie tylko gapie. Stary dom wyburzono rok po zniknięciu Roberta W. i zbudowano nowy. Ekipa poszukiwawcza miała jednak georadar i specjalnie szkolone psy, wykorzystywane między innymi do poszukiwań ofiar podczas katastrof budowlanych.

– To była duża operacja, trwała prawie cały dzień – wspomina Bogdan. – Szliśmy trochę w ciemno. Szukaliśmy w garażu i na starej posesji, bo to sugerowały badania wariograficzne. Jednak od czasu zaginięcia Roberta minęło sporo czasu i dużo w układzie zabudowań się zmieniło. Pod nowym domem istniały dwa rodzaje fundamentów: ze starej chałupy i te właściwe, położone później. Nie mieliśmy zgody na rozbieranie czegokolwiek, a podejrzewaliśmy, że zwłoki Roberta W. mogły zostać zalane w ławie fundamentowej. Zrobiliśmy wszystko, co mogliśmy, w warunkach, jakie zastaliśmy. Musieliśmy nawet uśpić byka, który był w stajni, którą zamierzaliśmy sprawdzić. Przyjechał weterynarz, dał zwierzęciu zastrzyk. Dopiero wtedy mogliśmy wejść do środka. Chodziło też o względy finansowe. Żeby zrobić fachowe odwierty i odpowiednio przy tym zabezpieczyć ściany, trzeba było wydać sporo pieniędzy. Prokuratorzy chyba nie chcieli ryzykować takich wydatków, a poza tym bliski był termin przedawnienia. Wygodniej było sprawę umorzyć.

– A zwłok dalej nie było... – kiwa głową Mariusz.

– Powiem inaczej: my ich nie znaleźliśmy. Z mojego wieloletniego doświadczenia pracy „w zabójstwach" wynika, że brak zwłok to bardzo ważny dowód – ślad kryminalistyczny, który może wskazywać na to, że zbrodni mogła dokonać osoba z pierwszego lub drugiego kręgu osób znających ofiarę – mówi Bogdan. – Pierwszy krąg to najbliższa rodzina. Drugi to bliscy znajomi, sąsiedzi, koledzy z pracy. Jeśli zabija ktoś naprawdę bliski, stara się ukryć zwłoki, nie jest w stanie ich po prostu porzucić.

– Do tego świadek wydarzeń, czyli teść Roberta W., zmarł na osiem lat przez wznowieniem naszego śledztwa – dodaje Mariusz. – A Halina szła w zaparte.

– Miała zbyt wiele do stracenia: wolność, dom, dzieci i wnuki – wylicza Bogdan. – Święty spokój. Nie przyznawała się też do wysłania listu, choć za składanie fałszywych zeznań mogła dostać wyrok w zawieszeniu.

Prokuratura umorzyła śledztwo w sprawie pozbawienia życia Roberta W., stwierdzając, że brak jest „danych uzasadniających podejrzenie popełnienia czynu".

– Czasami trzeba się pogodzić z niedoskonałością ziemskiego wymiaru sprawiedliwości – rozkłada ręce Bogdan. – I przyznać rację świętemu Pawłowi, który pisał, że „zemsta należy do Pana"[21]. Ze sprawcą pozostaną wyrzuty sumienia. „Zły czyn" pozostanie z nim do końca jego dni. I może to jest właśnie kara.

– A my przegraliśmy walkę z tykającym zegarkiem... – kręci głową Mariusz.

To właśnie upływ czasu determinuje działania policjantów z krakowskiego „Archiwum X". Kluczowym ograniczeniem jest dla nich przedawnienie karalności zabójstwa, które w polskim prawie karnym wynosi trzydzieści lat, choć Ministerstwo Sprawiedliwości zamierza od pewnego czasu wprowadzić przepisy, wedle których zabójstwo ma w ogóle nie ulegać przedawnieniu.

W sprawie zaginięcia Roberta W. policjanci musieli się spieszyć. Termin przedawnienia zbliżał się wielkimi krokami. Determinacja policjantów doprowadziła do tego, że ujawniono nowe dowody: udało się ustalić, że list napisany rzekomo przez zaginionego mężczyznę tak naprawdę pisała jego żona. Byłoby to więc klasyczne „rozsiewanie iluzji" przez osobę być może w jakiś sposób powiązaną z zaginięciem mężczyzny. Nie znaleziono jednak zwłok, na co zabrakło pieniędzy. I czasu.

Podobnie upływ czasu determinował tempo śledztwa dotyczącego zaginięcia i zabójstwa Krystyny S. Podejrzewany o to zabójstwo mieszkaniec krakowskiego Kazimierza został zatrzymany blisko dziewiętnaście lat po zaginięciu kobiety. Czas jednak działał w tym przypadku na korzyść śledczych: przez prawie dwadzieścia lat policjanci zbierali nieznane do tej pory poszlaki i dowody, docierali do nowych świadków, wykorzystywali zdobycze nowoczesnej techniki i uparcie obserwowali podejrzanego mężczyznę.

– Upływający czas zawsze w jakiś sposób uspokaja sprawcę – mówi Bogdan. – Nabiera on przekonania, że w śledztwie nic się już nie wydarzy. Był już przecież przesłuchiwany. Wyjaśnił, że ze sprawą nie ma nic wspólnego. Próbował dowiadywać się u innych świadków, czy w sprawie coś się dzieje. To bardzo charakterystyczne zachowanie, które obserwuję często w naszych śledztwach. Pozorny spokój potencjalnego sprawcy skrywa jednak ogromne pokłady strachu. I wtedy sprawca może popełnić błąd, a my taki błąd bezwzględnie wykorzystujemy. Potrafimy na niego czekać nawet dwadzieścia lat.

Zasada "in dubio pro reo"

10

Na początku października 1998 roku około godziny 9.30 rano w rejonie pętli autobusowej w krakowskim Borku Fałęckim nieznany sprawca ranił nożem młodą kobietę. Ofiara, Joanna Z., która wynajmowała w pobliżu mieszkanie, została zaatakowana w lasku, niedaleko przystanku tramwajowego. Nie widziała twarzy napastnika, który wysyczał tylko: „zamknij się" i zadał jej szereg ciosów nożem. Jak napisali w opinii lekarze z Zakładu Medycyny Sądowej Collegium Medicum UJ, kobieta odniosła rany kłute klatki piersiowej i brzucha połączone z ranami kłutymi prawego płuca, „przecięciem przepony, dwiema ranami kłutymi wątroby oraz raną kłutą prawej nerki połączonej z krwotokiem do jamy otrzewnej". Justyna Z. trafiła na oddział intensywnej terapii Szpitala Kolejowego w Krakowie. Według lekarzy miała dużo szczęścia, że przeżyła.

Jak napisano w raporcie, na miejscu napadu nie znaleziono żadnych śladów biologicznych, osmologicznych (zapachowych), traseologicznych (odciśniętych w podłożu śladów opon lub butów) ani linii papilarnych sprawcy. Brakowało też narzędzia zbrodni – noża. Na odzieży ofiary potwierdzono obecność wyłącznie jej DNA.

Według najbliższych znajomych Joanna Z. nie utrzymywała relacji z mężczyznami, była spokojna i bezkonfliktowa. Policjanci wykluczyli motyw zemsty i zawiedzionej miłości, zakładając, że był to najprawdopodobniej atak osoby niezrównoważonej psychicznie, z objawami charakteropatii, czyli nieuzasadnionej i niepohamowanej agresji. Takie zachowania występują u osób cierpiących na schizofrenię lub zespół paranoidalny.

6 lipca 1999 roku, po blisko dziesięciu miesiącach śledztwa, umorzono postępowanie z powodu niewykrycia sprawcy.

– Ta sprawa wydarzyła się miesiąc przed zaginięciem Krystyny S. – zaczyna Bogdan.

– Ale znalazła się w naszym, jak mówimy, „policyjnym zainteresowaniu" – dodaje Mariusz.

– Zakładaliśmy od początku, że sprawca nienawidzi kobiet i może być potencjalnym seryjnym zabójcą.

Minęły blisko dwa lata. Na początku czerwca 2001 roku w tym samym lesie, niedaleko przystanku tramwajowego w Borku Fałęckim, gdzie doszło do napadu na Joannę Z., nieznany mężczyzna napadł kilkunastoletnią Weronikę S., przykładając jej do szyi tasak. Świadkiem zdarzenia była matka dziewczynki. Podejrzenie o napad padło na mieszkańca dzielnicy Kliny, Marka N.

Gdy po zatrzymaniu policjanci wieźli go radiowozem do Policyjnej Izby Zatrzymań, Marek N. powiedział do nich: „Teraz to byliście szybko, a wtedy was tam nie było tak szybko". Po chwili dodał: „Za usiłowanie zabójstwa dostanę około dwudziestu lat, ale tamto musicie mi wcześniej udowodnić".

Policyjna ekipa krakowskiego „Archiwum X" podczas akcji poszukiwawczej (fot. Waldemar Piekarski)

– Tym sposobem mieliśmy sprawcę – uśmiecha się Bogdan. – Ktoś powie: dobrze, a dowody? Odpowiem: przyznanie się do winy jest pierwszym dowodem.

– Niektórzy są bardziej przebiegli niż nasz bohater – dodaje Mariusz. – Albo milczą, albo zgodnie z kodeksem odmawiają odpowiedzi na pytania.

– My mieliśmy więcej szczęścia.

Przesłuchania prowadził Bogdan. Sprawdzano, czy Marek N. nie jest sprawcą napadów na inne kobiety. W trakcie tych działań okazało się, że Marek N. w końcu maja tego samego roku próbował zgwałcić kobietę na klatce schodowej bloku, w którym mieszkał. Kobieta była mocno wystraszona, zgłosiła przestępstwo policji.

– Przed naszym wejściem do śledztwa sprawca próby gwałtu nie został ustalony i akta pokrył kurz – rzuca Mariusz.

Marek N. nie przyznał się do ataku na Joannę Z. – kontynuuje Bogdan. – Powiedział, że pamięta tylko radiowozy przed blokiem. Ale te drobne szczegóły paradoksalnie budowały portret naszego podejrzanego.

W sierpniu 2001 roku zarządzono obserwację sądowo-psychiatryczną Marka N. Psychiatra stwierdził u niego nieprawidłowy rozwój osobowości, niedojrzałość emocjonalną i społeczną. Wskazywał na niepewność badanego w męskiej roli seksualnej. Nie było jednak podstaw do przyjęcia seryjnego działania sprawcy, ponieważ zarzucane mu czyny różniły się od siebie, choć miały wyraźną seksualną motywację.

W opinii biegłego z krakowskiego Instytutu Ekspertyz Sądowych *modus operandi* obu napadów było spójne: sprawca znał teren, działał zawsze z zaskoczenia i atakował szyje ofiar.

– Polował na kobiety głównie rano – dodaje Mariusz. – Tylko w jednym przypadku do ataku doszło po południu.

Biegły zwrócił uwagę na czas, jaki upłynął między dwoma ostatnimi atakami. Próba gwałtu wydarzyła się pod koniec maja 2001, na początku czerwca sprawca przyłożył do szyi nieletniej ofiary nóż. To bardzo krótki interwał. Próbę zabójstwa Joanny Z. w październiku 1998 roku i późniejsze uspokojenie sprawcy można częściowo wytłumaczyć służbą wojskową Marka N. i kilkumiesięcznym pobytem w areszcie, gdzie wylądował skazany za drobną kradzież. Co ciekawe, Marek N. do wojska zgłosił się sam. Twierdził, że „musi zniknąć na jakiś czas z osiedla".

– Tu było więcej istotnych szczegółów – opowiada dalej Bogdan. – Wszystkie ofiary były szczupłymi blondynkami, miały ten sam typ urody. Zrobiliśmy nawet zestawienie zdjęć: podobieństwo fizyczne ofiar było widać jak na dłoni.

– Może ktoś taki kiedyś go skrzywdził? – zastanawia się Mariusz.

– Albo porzucił.

Na początku września 2001 roku wykonano badanie poligraficzne przy użyciu tak zwanego wykrywacza kłamstw. Ekspertyzę wykonał Jacek Bieńkuński. Badanie wykazało, że Marek N. może „posiadać bezpośredni i rzeczywisty związek emocjonalny ze sprawą usiłowania zabójstwa Joanny Z. w październiku 1998 roku w Krakowie".

Na jakiej podstawie wyciągnięto taki wniosek? W czasie, kiedy doszło do ataku na Joannę Z., niedaleko pętli w Borku Fałęckim wycinano drzewa. Żaden z pracowników zieleni miejskiej nie widział tam Marka N. ani nie zauważył tam nic podejrzanego.

Policjanci dotarli do naocznych świadków zdarzenia, ale dowiedzieli się podczas przesłuchań, że ktoś niedaleko miejsca napaści na Joannę Z. wycinał drzewa. Postanowili wykorzystać ten fakt podczas przeprowadzania badań wariograficznych. W teście padło pytanie: co słyszał sprawca usiłowania zabójstwa Joanny Z.? Wśród kilku odpowiedzi był dźwięk samochodu, helikoptera i „dźwięk piły do cięcia drewna". I na tę odpowiedź Marek N. najsilniej emocjonalnie zareagował.

– Ten test potwierdził jednoznacznie, że mamy sprawcę – kiwa głową Bogdan.

W drugiej połowie grudnia 2001 roku prokurator wyraził zgodę, by Marek N. w ramach szkoły policealnej zdał na terenie aresztu egzamin z botaniki. Wcześniej był studentem, ale po drugim semestrze zrezygnował z nauki.

W końcu następnego roku do Sądu Okręgowego w Krakowie wpłynął akt oskarżenia przeciwko Markowi N.

Kilkanaście miesięcy później biegły z Katedry Medycyny Sądowej Collegium Medicum UJ dokonał analizy porównawczej kształtu ostrza finki znalezionej w mieszkaniu Marka N. oraz śladów pozostawionych przez nóż na odzieży Joanny Z. Porównanie pozwoliło biegłym orzec, że może to być to samo narzędzie.

W dodatkowej opinii sądowo-psychiatrycznej dotyczącej Marka N. stwierdzono, że badany „nie ma wglądu w mechanizmy i motywy swoich zachowań, brak mu poczucia winy i jest bezkrytyczny w ocenie swoich czynów. Potrzebuje akceptacji ze strony otoczenia. (...) Jest człowiekiem, który w sytuacjach szczególnie trudnych, obciążających emocjonalnie i wyjątkowych może zareagować niekontrolowanym wybuchem złości i agresji".

– Klasyczny przykład zapatrzonego w siebie mężczyzny, który nie potrafi nawiązać relacji z kobietami – stwierdza Bogdan.

– Musiał być z tego powodu bardzo sfrustrowany – dodaje Mariusz.

– Warto powtórzyć, że wszystkie ofiary najprawdopodobniej były podobne do kogoś z jego przeszłości – podsumowuje Bogdan.

Marek N. przed zatrzymaniem dorabiał jako kontroler biletów PKP. „To zajęcie sprawiało mu satysfakcję, gdyż miał poczucie władzy i kontroli otoczenia", zwracali uwagę biegli psychiatrzy.

– Sprawdzanie biletów dawało mu to, czego na co dzień brakowało mu w życiu – uśmiecha się Bogdan. – Poczucia władzy nad innymi ludźmi.

– Na szczęście nie jeździłem wtedy pociągami – śmieje się Mariusz.

– Ale ataki Marka N. nigdy nie miały miejsca w pociągach – ripostuje Bogdan. – To były zawsze sytuacje jeden na jeden. Klatka schodowa, las, pętla autobusowa. Mało świadków. Tylko on i ofiara. Polowanie.

– A jednak wpadł dokładnie podczas jednego z takich napadów.

– Byli... mam nadzieję, że są jeszcze odważni ludzie – poprawia się Bogdan – którzy potrafią powstrzymać sprawcę napadu na dziecko czy kobietę. Nie wierzę, by dziś sprawca w publicznym miejscu mógł się swobodnie oddalić.

Marek N. mieszkał w tym samym bloku, co zraniona nożem Joanna Z. Świadek Tomasz K., który pracował z Markiem N. jako kontroler PKP, wspomniał, że podejrzany mówił mu często o swoim „pechu do kobiet o imieniu Joanna". Jego ostatnia dziewczyna, Joanna S., była podobna do trzech pokrzywdzonych ofiar.

Przestępstwa, o których popełnienie podejrzewano Marka N., łączył motyw seksualny – dodaje Bogdan. – Wspominałem wtedy w jednej z notatek o tym, że motywacja oskarżonego wynikała z potrzeby podporządkowania sobie ofiary i stworzenia sytuacji bezwzględnego jej uzależnienia od siebie. Chodziło o natychmiastowe zaspokojenie potrzeb sprawcy. I strach ofiary.

Kiedy Bogdan analizuje dane przestępstwo, zawsze podkreśla, że opiera się na swoistej „teorii względności".

– Dla mnie względność nie ma nic wspólnego z relatywizmem – podkreśla. – Względność polega na tym, że coś jest zimne albo gorące, a więc dobre lub złe. Relatywizm pokrętnie neguje istnienie dobra i zła. Oznacza, że coś jest letnie. A żadna sytuacja nie jest nigdy zawieszona pomiędzy dobrem a złem.

Prawie zawsze w analizie piszę o możliwych wariantach danego zdarzenia, o okolicznościach. Mówię, że bazuję na „plamach na rzeczywistości”, które podczas śledztwa mozolnie zbieramy, zdarzeniach, które same w sobie wydają się kompletnie przypadkowe, a ich znaczenie nieczytelne. Często dopiero podczas pisania analizy z tych plam wyłania się klarowny obraz. Nazywam to metodą impresjonistyczną.

Sąd Okręgowy w Krakowie skazał Marka N. na łączną karę piętnastu lat pozbawienia wolności. Od wyroku odwołała się obrona. W międzyczasie obrońcę z urzędu zastąpił obrońca z wyboru. Podał on w wątpliwość dowody zebrane w sprawie, określając je w apelacji „czysto poszlakowymi”. Następnie podważył wiarygodność badań wariograficznych oraz zgłosił wątpliwości co do podobieństwa Marka N. do portretu pamięciowego stworzonego na podstawie zeznań dziewczynki, której przyłożono tasak do szyi.

Rok później Sąd Apelacyjny w Krakowie wydał wyrok trzech lat i ośmiu miesięcy więzienia dla Marka N. Prowadzącym śledztwo zarzucono „konstruowanie łańcucha poszlak” z ewidentnym pogwałceniem zasady *in dubio pro reo*, która oznacza orzekanie na korzyść oskarżonego w przypadku wszelkich wątpliwości. Zakwestionowano też opinię o seryjności, ponieważ Marek N. zaczął od skrajnej agresji, czyli zranienia nożem kobiety, a skończył czynem o nieporównywalnie mniejszym ciężarze gatunkowym, czyli straszeniem dziewczynki tasakiem.

– Marek N. szybko, bo po niecałych czterech latach, odzyskał wolność – rzuca Mariusz.

– A ja zostałem nazwany na sali sądowej gwałcicielem zasady *in dubio pro reo*... – dodaje z uśmiechem Bogdan. – Żeby było ciekawiej, a mało kto o tym wiedział, Marek N. był krewnym słynnego seryjnego zabójcy.

– Znajomi nazywali go Malowany.

Oskarżono go o kilka zabójstw dokonanych na przestrzeni kilkunastu lat na Śląsku i w jego okolicach. Motywem były pieniądze. Wpadł przypadkiem. Jego proces był wydarzeniem medialnym.

– Siłą napędową wymiaru sprawiedliwości nie jest poszukiwanie prawdy, tylko strach przed pomyłką – wzdycha Bogdan. – Mnie najwięcej w tej kwestii nauczyła rozmowa, jaką na początku mojej pracy w policji odbyłem z człowiekiem podejrzewanym o podpalenie. Siedzimy w pokoju na komisariacie. Jeszcze nie protokołujemy i ja do niego mówię: „To ty podpaliłeś". On odpowiada: „Tak". Zaskoczył mnie. „A teraz proszę mi to udowodnić", śmieje się. Oczywiście podczas przesłuchania do niczego się nie przyznał. Nie chodzi więc o ustalenie kto, ale o to, by zdobyć dowody. To zabija sprawiedliwość.

– Zostaje łańcuch poszlak – krzywi się Mariusz.

– Każde zabójstwo ma ograniczoną ilość dowodów, zaś sprawca może popełnić czasami tylko jeden błąd – kontynuuje Bogdan. – To tak jak w piłce nożnej: gdy grają dwie dobre drużyny, nikt nie zdobywa bramki. Każde zdarzenie jest wyjątkowe, bo sam sprawca jest indywidualnością. I tu żadne wzory nie pomogą. Rolą detektywa jest szukanie prawdy. Jeden dowód może być tym decydującym, więcej możemy w ogóle nie znaleźć. Sprawca całą swoją energię wkłada w to, żeby tych dowodów nie zostawić, dlatego śledztwo to wojna, taktyka.

– W tym przypadku nie do końca nam się udało.

– Ja nie miałem żadnych wątpliwości, że Marek N. to sprawca wszystkich przypisywanych mu czynów – ucina Bogdan. – Przeciwną opinię mógł wydać tylko ślepiec.

– Ale wyrok zapadł inny.

– Wtedy zrozumiałem, że w polskim wymiarze sprawiedliwości króluje schematyzm. Jeżeli sprawca nie pozostawi śladów wpisujących się w szablon dowodowy, jest uniewinniany, a sam proces nazywany jest poszlakowym. Szablon jest wygodny, bo nie trzeba myśleć, stąd jego popularność. Dlatego w krakowskim „Archiwum X" wprowadziliśmy inną definicję śladu, którą nazwaliśmy holistyczną. Wciąż jesteśmy wierni klasycznej definicji Jana Sehna[22]. Uważam jednak, że obowiązujący w polskim prawie schemat nie ma z nią nic wspólnego. Ale często brak śladów to też ślad. Poza tym wierzymy, że prawdziwie widzi się tylko sercem.

Ja nie chcę dłużej milczeć o tym

II

– Wtedy byliśmy już specjalnym zespołem – wspomina Bogdan.

– Wcześniej przez kilka miesięcy prowadzili to śledztwo funkcjonariusze Wydziału Kryminalnego – dodaje Mariusz.

W końcu stycznia 2000 roku zaginął Janusz K., pięćdziesięcioparoletni mieszkaniec jednego z nowohuckich osiedli. Na placu targowym Tomex miał on stoisko z tytoniem, jeździł starym wartburgiem. Nie zarabiał kokosów. Mieszkał w bloku z żoną i dwójką dzieci: dwudziestoletnim Szymonem i ośmioletnią Joasią. Z żoną był rozwiedziony od blisko pięciu lat. Przyczyną rozpadu związku był hazard.

– Historia jakich wiele – Bogdan wzrusza ramionami. – Ale zaginięcie nietypowe.

– Pan Janusz nie miał wrogów – dodaje Mariusz. – Na targowisku go lubiano. Nie miał długów. Utrzymywał w miarę bliskie relacje z rodziną.

Zaginięcie Janusza zgłosiła po miesiącu jego siostra.

– W teorii kryminalistyki uważa się, że najważniejsze są dwadzieścia cztery godziny po zaginięciu. Nie zawsze tak jest – mówi Bogdan.

– Tłumaczy się, że sprawcy mogą później zatrzeć ewentualne ślady swoich działań – dodaje Mariusz.

– Ale nie ma tu reguł. Ślepa wiara w schematy prowadzi często do racjonalnego samooszukiwania się prowadzących śledztwo.

W końcu lutego 2000 roku obszerne zeznania na temat zaginięcia Janusza K. złożyła jego siostra, Beata.

Prawie miesiąc temu 22 stycznia 2000 roku około godziny 16.30 zatelefonował do mnie mój brat – Janusz. Powiedział, że wybiera się do naszego ojca – Stefana – do Wieliczki. W rozmowie wyczułam, że brat jest pod wpływem alkoholu. (...) Namówiłam brata, żeby nie jechał do Wieliczki. Zgodził się, że nie pojedzie. Powiedział też, że za pół godziny przyjedzie do mnie do domu. To były ostatnie słowa, jakie zamieniłam z bratem i od tamtego czasu (...) nie miałam z nim żadnego kontaktu.

Kobieta powiedziała policjantom, że wtedy skontaktowała się ze swoją siostrą Krystyną, która mieszkała w okolicach Rynku Głównego. Kobiety razem próbowały dodzwonić się na telefon stacjonarny brata. W mieszkaniu jednak nikt nie odbierał.

– Uwaga techniczna – uśmiecha się Bogdan. – Wtedy, osiemnaście lat temu, telefony komórkowe nie były jeszcze powszechne. Janusz K. nie miał komórki. Miał tylko numer stacjonarny. Później nam się to przydało.

Pół godziny po północy siostry dotarły pod blok w Nowej Hucie, w którym mieszkał ich brat. Kiedy podeszły do drzwi, usłyszały podkręcony głośno telewizor.

Po dłuższym pukaniu i dzwonieniu do drzwi otworzył nam drzwi Szymon, syn mojego brata Janusza – mówiła dalej Beata. – Nie wpuścił nas do mieszkania, [tylko] blokował swoim ciałem drzwi. Widać było, że jest zdenerwowany. Miał wyraźnie rozszerzone oczy, [ale] ja nie czułam od niego zapachu alkoholu. Odniosłam wrażenie, że on mnie nie poznał, gdy ja się do niego zwracałam po imieniu, [On] odpowiadał mi: „pani". Zawsze wcześniej zwracał się do mnie: „ciociu". Ja pytałam Szymona: czy jest ojciec w domu? Prosiłam Szymona, żeby mnie wpuścił do mieszkania, bo mam ważną sprawę do jego ojca. On wtedy odpowiedział mi, cytuję: „Proszę panią, ojca nie ma w domu", a następnie zatrzasnął mi drzwi przed nosem. W mojej ocenie Szymon zachowywał się nienormalnie. Nigdy tak wcześniej się wobec mnie nie zachowywał.

Następnego dnia (niedziela) przed południem siostry zadzwoniły na portiernię placu targowego. Powiedziano im, że wartburg Janusza stoi na parkingu od wczorajszego wieczoru. Samochód zniknął w poniedziałek rano. Z parkingu zabrał go młody mężczyzna „o owalnej twarzy, z wystrzyżonymi włosami na bokach głowy, blondyn, średniej budowy ciała". Siostry wiedziały, że to nie mógł być ich brat.

Kobiety docierały do kolejnych osób, które znały Janusza K. i z którymi ten pracował. Rozmawiały z kierowcą, który w dzień, kiedy Janusz zaginął, odwoził go do domu. Mężczyzna nie pamiętał, czy Janusz wszedł do klatki schodowej. Wspomniał jednak, że miał on w kieszeni kurtki butelkę wódki.

Beata K. po raz kolejny pojechała do Nowej Huty. Rozmawiała z żoną Janusza, Anną, która jednak nie wiedziała, co mogło się stać z jej byłym mężem. Kiedy kobiety rozmawiały w przedpokoju, ktoś zadzwonił do drzwi. Dwaj młodzi mężczyźni pytali o Szymona. Chłopaka nie było w domu, więc nie weszli do środka. Beata K. stwierdziła, że jeden z chłopaków przypominał osobę, która miała zabrać z parkingu przy Tomexie należącego do Janusza K. wartburga.

– Ale poszukiwania nic nie dawały – mówi Bogdan.

– Byliśmy jak figura króla w szachach na słynnym polu H8 – dodaje Mariusz. – Koniec gry. Mat.

Prokuratura umorzyła sprawę.

Bogdan nie lubi używać określenia: przełom w śledztwie. Woli inne słowa: synchronizacja, przypadek, zbieg okoliczności.

– Cały czas brakowało najważniejszego dowodu, czyli ciała pana Janusza – mówi Bogdan.

– Pierwszy trop w tej sprawie pojawił się po dziewięciu latach – dopowiada Mariusz.

– Niezbadane są ścieżki ludzkiego sumienia – zamyśla się Bogdan. – Ta sprawa przypomniała mi opowieść z Ewangelii: Jezus chciał, by apostołowie byli jak dzieci, i chodziło mu o czystość myśli i nieczynienie zła. Kiedy dziecko przeżywa jako świadek złe emocje dorosłych albo gdy zobaczy czy usłyszy o „złym czynie”, komuś o tym opowie. To może być spowiedź. Albo rozmowa z nami.

Tym razem historii dotyczącej wydarzeń sprzed lat wysłuchała funkcjonariuszka policji.

Jestem córką Janusza K. – zaczęła swoją opowieść siedemnastoletnia Joanna. – Mój ojciec zaginął, jak miałam osiem–dziewięć lat. Wiem, że mój ojciec nie żyje. Wiem to od mojej matki [Anny]. Matka powiedziała mi [o tym] jakieś parę lat po tym, jak pozbyła się ojca. Zapytałam ją, jak się pozbyła ojca? Ona mi powiedziała, że go zabiła [i] miał jej pomagać w tym mój starszy brat Szymon. Nie powiedzieli mi, jak to zrobili. Ja wiem, że zrobili to w przedpokoju naszego mieszkania. Tam do tej pory jest ślad krwi. Ślad ten jest pod wykładziną na podłodze. O tej krwi ja się dowiedziałam, kiedy parę lat temu w naszym mieszkaniu przeprowadzany był remont.

– Proces „zakłamywania rzeczywistości” przez sprawcę ma między innymi na celu zniszczenie dowodów zbrodni – mówi Bogdan. – Takim dowodem jest ciało. Trzeba je ukryć. Pozbyć się go. Dowodem jest krew na miejscu zbrodni lub kawałkowania zwłok.

– Sprawca sprząta po sobie – podsumowuje Mariusz. – I uznaje zbrodnię za niebyłą. Wypiera ją, wyrzuca z pamięci.

– Po „złym czynie" – kontynuuje Bogdan – człowiek ukrywa się. Co to znaczy? Zachowuje się jak biblijny Adam wkrótce po zjedzeniu owocu z drzewa poznania dobra i zła. To skrywanie przybiera różne formy. Najczęściej w pierwszej kolejności sprawca, który znał ofiarę, ukrywa dowód swojej zbrodni, czyli ciało. Czyni to, chcąc uniknąć odpowiedzialności karnej. Wie, że materialistycznie nastawiony do dowodów wymiar sprawiedliwości uznaje jedną paranaukową zasadę: „Nie ma zwłok, nie ma sprawy".

Podobnie zdarzyło się w kilku przypadkach śledztw prowadzonych przez krakowskie „Archiwum X". Ciało ofiary po zbrodni było kawałkowane w domu lub mieszkaniu. Później sprawca ukrywał je albo na terenie posesji, w piwnicy czy szambie, albo je wyrzucał na przykład do rzeki, albo zakopywał w lesie. Niektórzy sprawcy stosują bardziej wyrafinowane metody. W nietypowy sposób ciała pozbyła się sprawczyni zabójstwa na Podhalu[23], która ukryła zwłoki ofiary we własnym domu, czy sprawca zabójstwa bezdomnego na działkach. Oraz zabójca krakowskiej studentki Krystyny S.

> Przypominam sobie, że wtedy kiedy [moja] matka miała zabić mojego ojca, to mnie zawiozła do przyszywanego wujka, obecnie konkubenta matki – kontynuowała swoją opowieść córka Janusza K. – (...) [Kiedy wróciłam do domu] w pokoju ojca zauważyłam, że nie było telewizora. Tylko

ten telewizor był w pokoju mojej matki. Zamek do pokoju ojca był wyłamany i w pokoju ojca był bałagan. (...) [Kiedyś] matka wzięła mnie na bok i powiedziała, żebym nic nie mówiła policji, co się tu w domu stało, [ale] ja nie chcę dłużej milczeć o tym.

Podczas późniejszego przesłuchania przez „Archiwum X" Joanna K. wyznała, że „najbardziej jej utkwiło w głowie [to], jak ojciec bił matkę wałkiem do ciasta. Pokłócili się, ale nie wiem o co – zeznawała. – Matka moja i mój ojciec nie za bardzo umieli porozumieć się z ludźmi. Byli konfliktowi. (...) Brat [Szymon] stawał w obronie matki. Ja byłam bardziej świadkiem".

– To był dom bez miłości – smutno kiwa głową Bogdan. – Tam od lat narastał konflikt. Źle się dzieje, gdy po rozwodzie ludzie nadal ze sobą mieszkają.

Tak było w przypadku Janusza i Anny. Mężczyzna zajmował jeden pokój, który kiedy wychodził z mieszkania, zamykał na klucz. Kuchnia, łazienka i korytarz były przestrzenią wspólną. W dwóch kolejnych pokojach mieszkała była żona Janusza oraz dwójka ich dzieci.

W tym okresie poprzedzającym jego zaginięcie mniej było przemocy fizycznej ze strony ojca, a więcej przemocy psychicznej – zeznawała dalej córka ofiary. – (...) Ojciec wyzywał matkę od kurew, szmat. Matka przez niego wpadła (...) [w depresję]. Nie mogła spać. Ciągle się patrzyła w okno.

– Joanna zeznała, że po zniknięciu ojca dostała od ciotki, Beaty K., elektryczny pociąg – uzupełnia jej opowieść Bogdan. – Ale matka szukała w zabawce podsłuchu, więc rozebrała go na drobne części...

Bogdan na chwilę milknie.

– Pomimo że każde śledztwo to osobny świat, we wszystkich prowadzonych przez nas sprawach widać pewne podobieństwa – zaczyna Bogdan. – To śledztwo nas zaskoczyło. Wielu elementów, które się w nim pojawiły, po prostu się nie spodziewaliśmy. Dlatego tak dużo się przy tej sprawie nauczyliśmy, a wiedzę tę mogliśmy później wykorzystać w innych przypadkach. Osoba podejrzewana o udział w zabójstwie Janusza K. zachowała się irracjonalnie, rozkręcając elektryczny pociąg. U niektórych sprawców w ten sposób odzywa się sumienie. Są to według mnie najważniejsze ślady na duszy człowieka. Podobnie jak próby samobójcze, pojawiające się nałogi, nagły wyjazd, nawrócenie. Tak jak ślady materialne muszą być one długo weryfikowane przez swego rodzaju „filtry". Fundamentalnym pytaniem detektywa jest w takiej sytuacji to, czy do tej nagłej zmiany doszło przed zniknięciem zaginionego człowieka czy też po nim. Zawsze też należy pamiętać, że popadnięcie w nałóg nie jest równoznaczne ze „złym czynem". Trzeba to zawsze wnikliwie sprawdzać.

W czasie awantur matka Joanny wypominała jej często, że „mogła jej przecież wcale nie urodzić". Miałaby „teraz święty spokój, a tak musi się [teraz] jakoś przemęczyć". Działo się to już po dokonaniu zbrodni.

– Joanna była bardzo podobna do ojca – dodaje Bogdan. – Być może stąd agresja ze strony matki. Zbrodnia wcale nie uzdrowiła sytuacji w tej rodzinie. Z nienawiści do ojca wykiełkowała po jego śmierci nienawiść między domownikami. Ale mimo takiej sytuacji dziecko nie potrafiło przestać kochać matki.

Według relacji córki, Anna „zaczęła wycinać zdjęcia ojca, [a] zdjęcia z ojcem wyrzucała". Pytana o plamę krwi, Joanna stwierdziła, że „była ona na przedpokoju pomiędzy drzwiami mojego pokoju, pokoju ojca i drzwiami do jednej z łazienek".

– Ślady w psychice, w pamięci, w duszy, są ważniejsze niż ślady linii papilarnych czy ślady krwi – podkreśla Bogdan. – Nie da się ich zmyć.

Przesłuchiwana wkrótce potem żona zaginionego nie przyznała się do winy. „Ja zabójstwa nie widziałam i nie wierzę w to", mówiła. Opowiedziała za to dokładnie historię swojego związku z Januszem.

Rok po ślubie, kiedy była w ciąży z Szymonem, mąż zaczął znikać z domu. Początkowo na kilka godzin. Potem znikał na całe noce. Wracał trzeźwy, ale bez pieniędzy. Okazało się, że prawie wszystko, co zarabiał, przegrywał w karty. Z tego powodu Anna często pomieszkiwała u swoich rodziców koło

Olkusza. Kiedy przeprowadziła się z powrotem do Krakowa, czuła się zagubiona. Mąż nadal znikał z domu i grał. Kiedy była w ciąży z Joanną, planowała jej usunięcie. W drodze do lekarza zrezygnowała z aborcji i siedem miesięcy później urodziła córkę.

Przez prawie piętnaście lat małżeństwa Anna była bita przez męża. Czasami ręką, najczęściej kablem od żelazka. Awantury nie skończyły się wraz z rozwodem. Byli małżonkowie z przyczyn ekonomicznych mieszkali nadal pod jednym dachem. Według Anny Janusz coraz częściej używał przemocy. Dorastający syn Szymon podczas jednej z takich awantur stanął w obronie matki. Janusz – niższy i szczuplejszy od syna – odpuścił. Według relacji Anny, to wtedy Szymon po raz pierwszy powiedział, że chce zabić ojca.

> Mimo iż Szymon mi powiedział, że zabił swojego ojca, ja w to nie wierzę – zeznawała Anna K. – Ja nie namawiałam Szymona do zabicia męża. Nie dostarczyłam mu żadnych narzędzi. Ja nie ustalałam z Szymonem żadnego terminu zabicia męża. To Szymon powiedział, że mam wyjechać [wtedy] z domu na noc.

– Krąg zamieszanych w sprawę osób zwiększał się z biegiem śledztwa – mówi Bogdan.

– Pozostały do sprawdzenia ślady krwi w przedpokoju – dodaje Mariusz.

– I billingi telefonu stacjonarnego w mieszkaniu Janusza K.

Krew rzeczywiście znaleziono, jednak było jej zbyt mało, by przeprowadzić badanie. Większość materiału biologicznego uległa degradacji podczas remontu. Z analizy połączeń telefonicznych policjanci z „Archiwum X" wyłuskali dwie informacje: w dniach poprzedzających zniknięcie Janusza K. jego syn Szymon kontaktował się z dwoma kolegami, którzy byli znanymi policji włamywaczami. Byli to Roman S., pseudonim Cięty, i Krzysztof B., pseudonim Wróbel.

Cięty siedział w areszcie za handel narkotykami. Kiedy został przesłuchany w sprawie zaginięcia Janusza K., do niczego się nie przyznawał. Następnego dnia został ponownie przesłuchany w charakterze podejrzanego i doprowadzony do sądu. – Tam na korytarzu sądowym Cięty wyznał całą prawdę Bogdanowi, a później sędziemu – uśmiecha się Mariusz.

– Przed sądem – kontynuuje Bogdan – Cięty stwierdził, że nigdy wcześniej nie mówił w tej sprawie prawdy. Ani na policji, ani w prokuraturze, ani w sądzie. Nie potrafił też racjonalnie wytłumaczyć, dlaczego chwilę wcześniej zmienił w tym względzie swoje zasady. W późniejszych rozmowach ze mną przyznał, że był to jeden z najważniejszych momentów w jego życiu. Przestał mieć nocne koszmary. Lepiej żył.

Szymon K. zadzwonił do mnie w któryś dzień 2000 roku, ja nie pamiętam, który to był dzień – zaczął wyjaśnienia Cięty. – Zadzwonił do mnie i powiedział, abym ja przyjechał do niego do domu. To było rano. Nie pamiętam, czy on dzwonił do mnie poprzedniego dnia czy rano w tym dniu, kiedy do niego pojechałem. Przyjechałem do niego o siódmej rano. Okno w pokoju było otwarte, a w pokoju leżały zwłoki. To były zwłoki jego ojca zawinięte w dywan.

W zabójstwie ojca miał pomagać Szymonowi Krzysztof B., Wróbel. Zwłoki zostały przewiezione w bagażniku wartburga, który należał do ofiary. Samochód z ciałem prowadził Szymon. Za nim skodą fabią jechał Cięty.

Gdy przyjechaliśmy do domu Wróbla, to wyjęliśmy ten dywan ze zwłokami i zanieśliśmy go do szopy – kontynuował przed sądem Cięty. – W tej szopie wykopaliśmy dół. Robiliśmy to we trójkę. Oni rozwinęli te zwłoki z dywanu [i] wrzucili je do wykonanego dołu. Na głowie [trupa] był założony worek.

Cięty zgodził się na wykonanie eksperymentu śledczego. Wizję prowadził Bogdan.

Po ustaleniu i potwierdzeniu trasy z Nowej Huty do Kocmyrzowa przed policjantami stanęło najtrudniejsze zadanie.

– Poszukiwanie zwłok przypomina trochę poszukiwanie skarbu – uśmiecha się Bogdan. – Nigdy do końca nie wiadomo, co działo się z terenem, na którym zostały one ukryte. Po upływie prawie dziesięciu lat wygląd tego miejsca może wszystkich zaskoczyć.

– Zaskoczeni byli przede wszystkim właściciele pięknej willi za miastem, w której nagle pojawili się policjanci – dodaje Mariusz.

Nagranie VHS. Wizja lokalna w miejscu prawdopodobnego ukrycia zwłok Janusza K. Prowadzący: komisarz Bogdan Michalec.

– Pan mówił o jednym wejściu do szopy, tak? I to wejście, w jakim kierunku było usytuowane?

– Nie pamiętam. Tu wjechał, kurwa mać...

– Coś się nasuwa?

– Nie wiem, czy coś się nasuwa. A tam się kończy działka?

– Tak, ale tam już jest następna parcela. Potrafi pan przypomnieć sobie, jak te obiekty stały?

– Skupiam się... Nie przypominam sobie tego. Byłem tu raz w życiu.

Okazało się, że w możliwym miejscu ukrycia zwłok Janusza K. dziś stoi dom oraz murowany garaż. Pamiętał to dopiero trzeci świadek zabójstwa Rafał M., pseudonim Ralf.

– Udało nam się ustalić, że zwłoki mogą być ukryte pod podłogą mniej więcej w środku salonu willi, do której w pewnym momencie naszej wizji weszliśmy – wspomina Bogdan. – Tam je znaleźliśmy. Były zakopane głęboko pod fundamentami.

Wyjaśnienia Ralfa okazały się niezwykle cenne dla zrekonstruowania przebiegu zbrodni.

Weszliśmy do klatki schodowej [tego] bloku, w którym mieszkał Szymon – wspominał Ralf. – Szliśmy po schodach do mieszkania, to dokładnie pamiętam, na schodach spotkaliśmy siedzącego ojca Szymona – Janusza K. On siedział na schodach i był pijany, nie odezwał się do nas. Przeszliśmy koło niego i poszliśmy do mieszkania Szymona. [On] otworzył nam drzwi. Weszliśmy do przedpokoju i zaczęliśmy się rozbierać. Wtedy za nami wszedł do mieszkania pijany Janusz K. Szymon, widząc swojego ojca, zaczął się jakoś dziwnie zachowywać. Przypominam sobie, że włączył bardzo głośno muzykę w salonie i zaczął chyba [czegoś] szukać. Nie pamiętam [tego dobrze], ale Szymon [wtedy] nie rozmawiał z ojcem. W pewnym momencie – ja stałem w przedpokoju, dokładnie przy wejściu do salonu – Szymon trzymaną w ręku metalową rurką owiniętą gazetą (mnie ten przedmiot przypominał rurkę) zaczął uderzać wielokrotnie ojca swojego w głowę. Pod wpływem tych ciosów Janusz K. upadł.

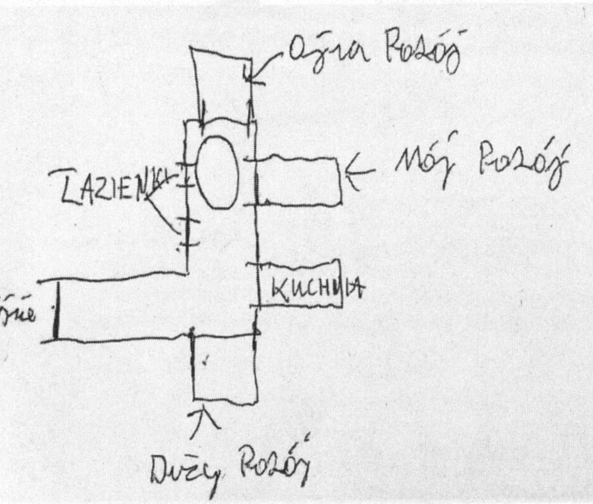

Szkic mieszkania zajmowanego przez rodzinę Janusza K. wykonany przez jego córkę Joannę

Później ciało Janusza K. zostało zaciągnięte do jego pokoju. Szymon przyniósł miskę z wodą i zanurzał w niej głowę ojca. Resztę ciała przytrzymywał Wróbel. Ralf widział, że kiedy tylko głowa Janusza K. była zanurzana w wodzie, on się ruszał i widać było, że jeszcze żyje.

Aż przestał.

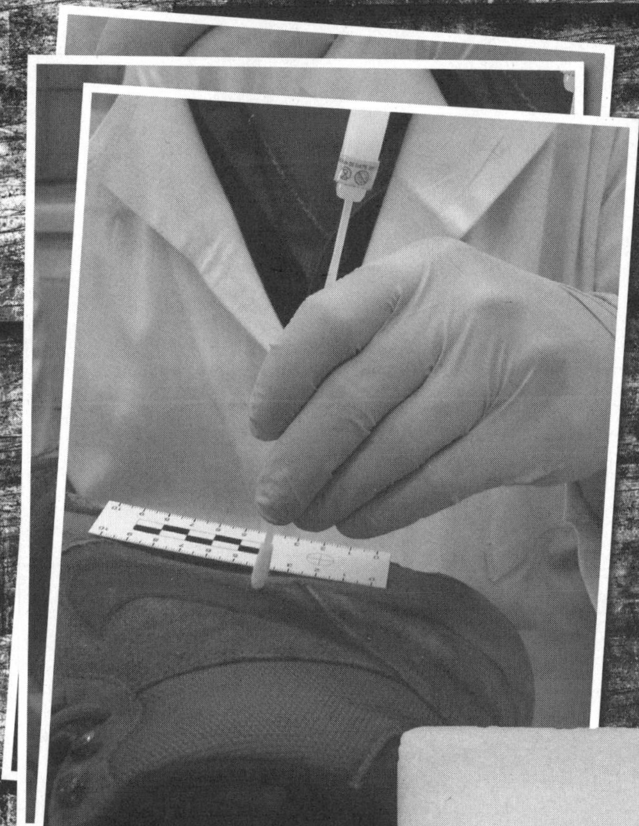

12 DNA

– Grzechem niektórych biegłych jest, że piszą opinie, które tylko oni sami rozumieją – uśmiecha się doktor Tomasz Kupiec, szef Pracowni Genetyki Sądowej Instytutu Ekspertyz Sądowych. – Opinia ma być zrozumiała dla odbiorcy i to jest najważniejsze przykazanie biegłego.

Genetyka sądowa to jedna z najmłodszych dziedzin kryminalistyki, która liczy sobie niecałe cztery dekady historii. Jej rozwój warunkują szybkie zmiany w metodach wykonywanych badań. Tu każdy kolejny rok może oznaczać „przewrót kopernikański", a używana przez doktora Kupca aparatura z roku na rok będzie coraz bardziej czuła.

– Kiedyś te badania były czasochłonne i drogie – podkreśla biegły. – Dziś wszystko mocno przyspieszyło.

Gdzie zaczyna się praca genetyka sądowego?

W laboratorium, gdzie codziennie trafiają zabezpieczane na miejscach zdarzeń przedmioty związane z ofiarami, ale też potencjalne narzędzia zbrodni. Trudno uwierzyć, jak drobne ślady biologiczne można dziś zbadać i opisać.

– Kolejne przykazanie biegłego jest bardzo proste: biegły może wesprzeć hipotezę śledczą albo nie – mówi Tomasz Kupiec. – Trzeciej drogi nie ma. Przyznanie się do niewiedzy jest dużą sztuką. Czasami lepiej nic nie powiedzieć.

Często się to zdarza?

– Rzadko kiedy na pytanie instytucji zlecającej badanie muszę odpowiedzieć krótko: nie wiem. Wtedy piszę, że wynik analizy nie pozwala na wyciągnięcie wniosków. Tego wymaga naukowa uczciwość. Pracuję zawsze najlepiej jak potrafię, ale nic nie poradzę, jeżeli materiał do badań jest niewystarczający albo zbyt słaby.

DNA da się wyizolować obecnie właściwie ze wszystkiego. Ale jeszcze w latach osiemdziesiątych i dziewięćdziesiątych ślad biologiczny musiał być widoczny gołym okiem. Musiał być – co podkreśla biegły – „dobrze wysycony". Wtedy powstawał profil DNA.

Pobieranie materiału do badań DNA (fot. archiwum prywatne Tomasza Kupca)

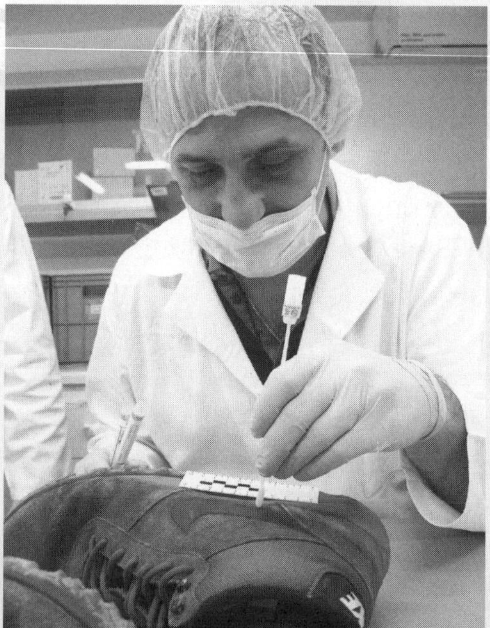

– Obecnie korzystamy z metod umożliwiających badanie śladów, które są zupełnie niewidoczne – opowiada Tomasz Kupiec. – Weźmy ślady dotykowe, kontaktowe, a więc coś, czego nie widać. Wystarczy sześć komórek, by otrzymać profil DNA człowieka. Jeśli złapię pana za sweter i poszarpię, to zostawię na nim tyle swoich komórek, że później z tego swetra za pomocą specjalnej taśmy będę mógł zdjąć mikroślady z nitek ubrania i uzyskać z nich mój profil DNA.

Badanie tego rodzaju ma jednak swoje ograniczenia. Trwałość śladów jest uzależniona od warunków atmosferycznych, temperatury, wilgotności, znikają one też w wodzie i w ziemi. Najdłużej mogą „przeżyć" w temperaturze pokojowej.

– Jeśli ktoś na przykład trzymał w ręku młotek, a mógł on zostać użyty do zabójstwa, to na jego rękojeści pozostały ślady dotykowe – mówi biegły. – Jeśli ten młotek znajdziemy pod dachem i nie był on narażony na działanie deszczu, wilgoć czy skoki temperatur, to jest duża szansa na zabezpieczenie i wyizolowanie z tych śladów profilu sprawcy. Jeśli jednak było inaczej: młotek był porzucony gdzieś obok domu, a w nocy padał deszcz, to ślady zostały z niego zmyte. Wtedy dowody związane z profilem DNA sprawcy będą niemożliwe do zabezpieczenia i przebadania.

Z tego powodu niezwykle ważne z punktu widzenia genetyka sądowego jest zachowanie na miejscu zdarzenia ekipy dochodzeniowo-śledczej. Jej profesjonalizm i ostrożność determinują to, czy ślady DNA sprawcy zostaną tam w ogóle odnalezione. Zadaniem biegłego jest więc nie tylko zbadanie śladu i wydanie ekspertyzy – biegły aktywnie włącza się w zbieranie śladów, wskazuje, gdzie można ich szukać i jak ich nie zniszczyć.

– Bywa niestety tak, że miejsce zbrodni jest dosłownie zadeptywane przez ludzi – smutno kiwa głową Tomasz Kupiec. – To zwykle spotyka głośne i medialne sprawy.

Oprócz niskiej trwałości ślady kontaktowe mają też inne wady. Zwykle nie wiadomo, jak powstały, czy nie znalazły się na miejscu zbrodni przez tak zwany transfer wtórny.

– Na czym to polega? Ktoś chwyta za klamkę i zostawia na niej swoje DNA. Później te same drzwi otwiera pan. I ma pan na rękach DNA tej osoby, bo ono się „przykleiło" do pana dłoni. Idzie pan dalej – tłumaczy biegły. – Dotyka pan stołu i zostawia pan tam swoje DNA z komórkami osoby, z którą łączy pana tylko tyle, że dotykaliście tej samej klamki.

Dlatego najczęstszym błędem popełnianym na miejscach oględzin, który zdarza się na całym świecie, jest niezmienianie rękawiczek przy zabezpieczaniu kolejnych dowodów z miejsca zbrodni.

– Technik przenosi DNA z jednego badanego przedmiotu lub przestrzeni w inne miejsce – kontynuuje Tomasz Kupiec. – Tu też mamy do czynienia

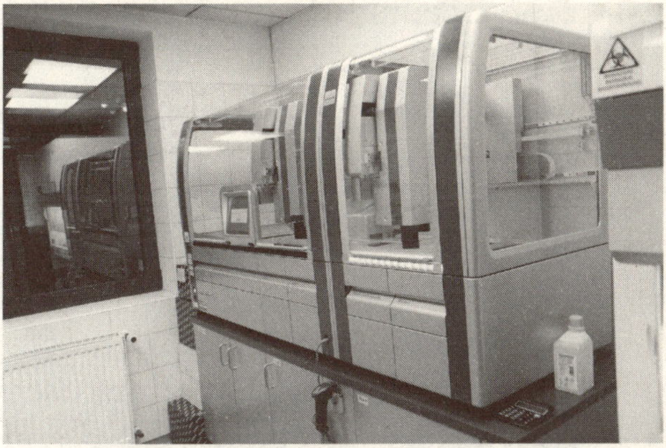

Automatyczna stacja do izolacji DNA w Pracowni Genetyki Sądowej krakowskiego Instytutu Ekspertyz Sądowych (fot. archiwum prywatne Tomasza Kupca)

z transferem wtórnym, czyli przeniesieniem śladów. Takie przypadki zostały już udowodnione i naukowo opisane.

W ten sposób dochodzi do „rozmnożenia" i wymieszania, czyli kontaminacji śladów DNA na przedmiotach, które nie miały żadnego związku z przestępstwem. To się zdarza i czasami można się taką linią obrony posłużyć przed sądem. Laboratoria kryminalistyczne w Polsce zabezpieczają się, gromadząc w wewnętrznej bazie danych profile DNA pracowników, co pomaga wykluczyć możliwość kontaminacji na etapie laboratoryjnym. Jednak w przypadku miejsc zdarzeń jest to po prostu niemożliwe.

– Dlatego zawsze jestem ostrożny w ocenie materiału dowodowego, zwłaszcza gdy od zdarzenia upłynął dłuższy czas – wyjaśnia genetyk.

Najtrwalszymi nośnikami DNA są kości, szczątki i krew, pozwalają one nie tylko na wyizolowanie DNA, ale też na wykonanie badań porównawczych w celu identyfikacji ofiary. Profile DNA mają wspólne cechy w przypadku osób ze sobą spokrewnionych, na przykład dziecko ma po połowie profilu DNA swoich rodziców. W przypadku dalszej rodziny cechy DNA „rozcieńczają się", ale nadal ich profile można porównywać z profilem osoby, którą chcemy zidentyfikować. Im bliższe pokrewieństwo, tym profile DNA są do siebie bardziej podobne. Profile zupełnie obcych osób zawsze znacznie się od siebie różnią.

– Przyzwyczailiśmy się do tego, że DNA to przede wszystkim badania ojcostwa – mówi Tomasz Kupiec. – Dziś zestaw do pobrania materiału od dziecka można kupić w prawie każdej aptece. Nasze badania jednak mają szerszą perspektywę. Często są ostatnią deską ratunku dla bliskich zaginionej osoby, pozwalają potwierdzić tożsamość szczątków i w razie wyniku pozytywnego – wreszcie wyprawić pogrzeb.

W polskiej kulturze złożenie do grobu jest istotnym elementem przeżywania żałoby po zmarłym. Najbliżsi zaginionego człowieka wykorzystują więc każdą możliwość, by doprowadzić do badań porównawczych DNA.

– Bywa jednak i tak, że nie ma materiału porównawczego od osoby spokrewnionej z człowiekiem, co do którego podejrzewa się, że to jego szczątki lub zwłoki w stanie rozkładu znaleziono po latach. Wtedy taka sprawa czeka na swój czas – przyznaje biegły.

W Polsce od kwietnia 2007 roku funkcjonuje w Zakładzie Biologii Centralnego Laboratorium Kryminalistycznego Komendy Głównej Policji krajowa baza danych DNA[24]. Na razie jest w niej mniej danych niż w systemie AFIS, czyli Automatycznym Systemie Identyfikacji Daktyloskopijnej, który działa w Polsce od 2000 roku. Najpierw został zainstalowany w Wydziale Daktyloskopii Centralnego Laboratorium Kryminalistycznego Komendy Głównej Policji, a później w komendach wojewódzkich[25]. Największa i najdłużej funkcjonująca baza DNA w Europie znajduje się w Wielkiej Brytanii. Polska na mocy umów międzynarodowych może korzystać z baz innych krajów Unii Europejskiej. Osobną bazę, niepołączoną z policyjnymi zasobami, prowadzi utworzone w 2016 roku Biuro Poszukiwań i Identyfikacji działające w strukturach Instytutu Pamięci Narodowej[26].

– Profile genetyczne, które się obecnie wykonuje, są oparte na co najmniej dwudziestu czterech cechach, czyli markerach genetycznych – wyjaśnia Tomasz Kupiec. – Nie możemy jednak mówić, że dany profil jest unikatowy, bo nie przebadaliśmy przecież całej ludzkiej populacji. Bazujemy na wyliczonych tak zwanych częstościach statystycznych konkretnych cech. Na przykład w przypadku porównania odcisków palców jest to jedenaście cech, które mogą dać trafienie. W badaniach DNA jest ich zdecydowanie więcej, a dopasowanie profili jest poparte oszacowaniem statystycznym uzyskanego dowodu.

Powstaje w ten sposób „rysopis DNA", czytelny w dużej mierze wyłącznie dla genetyków sądowych. Zawiera on przede wszystkim charakterystyczne cechy budowy genetycznej. DNA zawiera informacje o podatności danej osoby na niektóre choroby, o jej wieku, kolorze oczu, włosów czy pochodzeniu biogeograficznym.

– To wszystko są tylko narzędzia, które dopiero w rękach doświadczonego detektywa mogą przynieść owoce w postaci wykrycia sprawcy – podsumowuje Tomasz Kupiec. – Ja mam świadomość, że moja praca może w tym pomóc. I nic więcej.

*

Tak było chociażby w przypadku skóry wyłowionej z Wisły w styczniu 1999 roku. Badania DNA materiału wyizolowanego ze szczątków zamordowanej kobiety oraz materiału pobranego od matki zaginionej studentki pozwoliły potwierdzić, że ofiarą była dwudziestotrzyletnia Krystyna S. Technologia pozwoliła potwierdzić tożsamość ofiary. Podejrzewanego o dokonanie tej makabrycznej zbrodni człowieka musieli odnaleźć ludzie.

...Ani żadnej rzeczy, która jego jest

13

W tej sprawie, podobnie jak w przypadku zabójstwa Krystyny S., od początku poszlak było dużo, a dowodów, które mogłyby być uznane sądzie – niewiele.

Bogdan lubi podkreślać, że prowadzący dochodzenie detektyw musi dostosować swoje metody do zachowań sprawcy. Zabójcy mogą popełniać błędy. Detektyw musi je wyłapać, bo kolejnej szansy nie dostanie. Śledztwo zostanie umorzone, a sprawca pozostanie na wolności.

– Tym, co pozwoliło nam przejrzeć rozsiewaną przez sprawców iluzję, była w tym przypadku chciwość – uśmiecha się Bogdan. – Zobaczyliśmy samotnego człowieka i ludzi, którzy wyciągnęli ręce po jego majątek.

– A w końcu i po jego życie – dodaje Mariusz.

W październiku 2007 roku na komisariat policji w Wolbromiu przyszedł Tomasz P., syn zaginionego Jarosława P. Twierdził, że nie widział się z ojcem od kilku miesięcy, dlatego zaczął się niepokoić. Widywali się rzadko. Syn mieszkał od lat na Wybrzeżu, a ojciec wynajmował pokój w domu pod Wolbromiem. Według syna renta z ZUS-u wystarczała Jarosławowi P. na „prowadzenie skromnego trybu życia i zaspokajanie codziennych potrzeb".

– Syn zaginionego sporo wiedział o ojcu – wyjaśnia Bogdan. – Szybko wykluczyliśmy go z kręgu podejrzanych. Miał mocne alibi.

Jarosław P. nie mieszkał z żoną od kilkunastu lat. Po wyprowadzce z domu zamieszkał najpierw u córki, a później u znajomych z czasów, kiedy pracował w Hucie Katowice. Małżeństwo Henryki i Stanisława R. miało piętrowy dom pod Wolbromiem. Wynajęli Jarosławowi P. dawną pralnię w suterenie, do której prowadziło osobne wejście.

Policjanci rozmawiali z małżeństwem R. w Wolbromiu. W policyjnej notatce znalazła się informacja, że po pewnym czasie Jarosław P. zdecydował się oddawać prawie całą rentę na czynsz oraz „wikt i opierunek" oferowany mu przez gospodarzy.

– W tej notatce inny szczegół przykuł moją uwagę – zauważa Bogdan. – Zachowanie pani Henryki podczas rozmowy z policjantem. To nie było przesłuchanie, tylko luźna rozmowa bez zastrzeżeń, że za składanie fałszywych zeznań grozi jej odpowiedzialność karna. Ja często w analizach cytuję greckiego filozofa Epikura, który mawiał, że „miarą prawdy są emocje".

Kobieta „była bardzo podenerwowana i zachowywała się dziwnie", co zwróciło uwagę prowadzącego rozpytanie funkcjonariusza i tak to zapisał. Inaczej zachowywał się mąż kobiety.

Stanisław R. odpowiadał na pytania spokojnie i rzeczowo. Twierdził, że Jarosław P. był jednym z kilku lokatorów wynajmujących pomieszczenia w ich domu. W czerwcu 2007 roku zniknął, ale jakiś czas później przysłał kartkę, z której wynikało, że przebywa w Katowicach. Z jej treści wynikało też, że nie ma pretensji do gospodarzy, zdaje sobie sprawę,

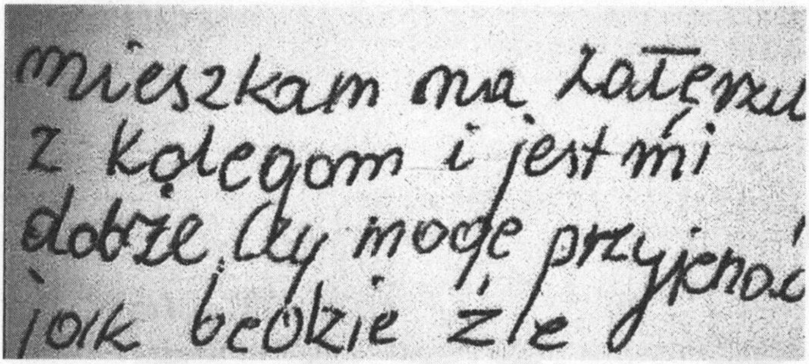
mieszkam na Załężu
z kolegom i jest mi
dobrze. Czy mogę przyjechać
jak będzie źle

Fragment tekstu napisanego na kartce pocztowej wysłanej z Katowic

że „brykał", a teraz mieszka z kolegą w dzielnicy Katowic, Załężu. Na końcu znalazło się pytanie: „Czy mogę przyjechać, jak będzie źle?" I podpis: „Jarek".

Stanisław R. stwierdził, że nie martwi się o Jarka, bo „on przecież ma rentę i jakoś sobie poradzi". Co prawda nadużywa alkoholu, ale zawsze do domu wracał, „a teraz ma inne towarzystwo".

– Ta kartka to klasyczny przykład „rozsiewania iluzji" przez sprawcę – mówi Bogdan. – Musieliśmy to zweryfikować.

Biegły z Laboratorium Kryminalistycznego Komendy Wojewódzkiej Policji w Krakowie stwierdził, że „zapisy ręczne sporządzone długopisem wypełnionym czarną pastą długopisową w obrębie rewersu kartki pocztowej z wizerunkiem kościoła i napisem: Katowice, nie zostały nakreślone ani przez Jarosława P., ani przez Henrykę i Stanisława R.".

– Kartki nie napisał nasz poszukiwany – uśmiecha się Bogdan. – Ale jego gospodarze też nie. Zdobyliśmy jednak inny dowód.

Po zniknięciu Jarosława P. na jego bankowe konto nadal przychodziła renta. Pieniądze były później wypłacane z bankomatów w okolicach Katowic.

– To było bardzo ciekawe – stwierdza Mariusz.

– Ale obok bankomatów są przecież kamery – uśmiecha się Bogdan.

Prowadzący śledztwo policjanci sprawdzili zapisy z monitoringu bankomatów, z których wypłacano pieniądze z konta Jarosława R. Okazało się, że pieniądze z konta kilkanaście razy wypłacała Henryka R. Robiła to po zaginięciu Jarosława P., a nawet jeszcze po zgłoszeniu zaginięcia mężczyzny.

– Zatem pani Henryka nie mówiła w rozmowach z policjantami całej prawdy – mówi Bogdan. – Nie tylko zresztą ona.

W notatce urzędowej sporządzonej kilkanaście dni po zgłoszeniu zaginięcia Jarosława P. współwłaściciel

Jedna ze stop-klatek analizowanego zapisu z monitoringu. Po lewej stronie kadru widoczny profil Henryki R. – kobieta podchodzi do bankomatu, by dokonać wypłaty pieniędzy z konta Jarosława P.

domu pod Wolbromiem, Stanisław R., wyznał policjantowi, że ostatni raz widział swojego lokatora w końcu czerwca 2007 roku.

> Było to z samego rana – wspominał. – Nie było go przez cały dzień, nie wrócił na noc. Zauważyłem, że furtka na podwórku od strony lasu jest uchylona. Sądziłem, że [Jarek] wyszedł znowu pić ze swoimi znajomymi. (...) Pamiętam, że około półtora miesiąca wstecz [Jarek] przysłał do mnie i żony kartkę, pocztówkę z Katowic. Z treści informacji na tej kartce wynikało, że (...) wyprowadził się ode mnie, ponieważ, jak stwierdził, nie przepadał za moim towarzystwem oraz tymi osobami, które u mnie mieszkały. (...) Ostatni raz, kiedy go widziałem, w czerwcu przed opuszczeniem domu, był krótko ostrzyżony, miał zapuszczonego sumiastego wąsa. To wszystko, co mam do powiedzenia w tej sprawie.

– Istotna rzecz to próba tłumaczenia zachowań zaginionej osoby – zaczyna Bogdan. – Z treści kartki pocztowej, a już wiedzieliśmy, że nie napisał jej zaginiony, wynikało, że może będzie chciał wrócić do Wolbromia. Z kolei z opowieści Stanisława R. dowiadywaliśmy się, że zniknięcie mężczyzny może być związane z konfliktem z gospodarzem lub z innymi domownikami. Przy „zakłamywaniu rzeczywistości" nawet najbardziej inteligentny człowiek może się pomylić. My wtedy mieliśmy pewność co do kilku rzeczy: zaginął mężczyzna, jego gospodarze wypłacają z jego konta pieniądze, a półtora miesiąca po zniknięciu przychodzi od zaginionego kartka pocztowa, której nie napisał.

Brak logiki wskazywał na nieumiejętnie tworzone kłamstwa. A kto „rozsiewa iluzję", ten, według Bogdana, zazwyczaj jest sprawcą przestępstwa.

Kilka osób znających Jarosława P. zeznało, że często skarżył się on na swoich gospodarzy. Mieli go bić i zabierać całą rentę.

– Pomimo zaginięcia tego człowieka, a być może nawet jego śmierci, ktoś nadal czerpał korzyści z zagarnięcia jego majątku – mówi Bogdan. – W prowadzonych przez „Archiwum X" śledztwach zastanawiam się nie tylko nad tym, jaki był mechanizm śmierci czy użyte przez sprawcę bądź sprawców narzędzia. Dla mnie istotne są emocje. Ja szukam w tych sprawach nienawiści. To jest dla mnie ślad i dowód.

Jaka mogła być przyczyna śmierci Jarosława P.? Najprawdopodobniej postawił się gospodarzowi lub gospodarzom.

– Każdy z nas ma jakąś granicę wytrzymałości – opowiada Bogdan. – I w przypadku Jarosława P. ta granica została przekroczona.

– Facet się zbuntował – kiwa głową Mariusz.

– I przegrał, bo oprawca chciał mu pokazać miejsce w szeregu. To historia stara jak świat o tym, jak mocniejszy wykorzystuje słabszego. Ale jeśli techniki zabijania się zmieniają, to sposób myślenia sprawcy nie zmienia się od tysięcy lat. Ocalić własną skórę, nie dać się złapać. Przede wszystkim strach jest motorem napędowym ludzkiego zachowania.

Nadzorująca sprawę zaginięcia Janusza P. prokuratura wydała nakaz zatrzymania małżeństwa R.

– Jechaliśmy tam dużą ekipą – wspomina Bogdan. – Początek maja. Był ranek, na drodze mgła. Gospodarze wydawali się zaskoczeni naszą wizytą. Pan Stanisław leżał w łóżku z pilotem w ręku i oglądał telewizję. „O co chodzi?”, zapytał. Odpowiedzieliśmy, że o zabójstwo Jarosława P. On wtedy machnął ręką i zaczął przerzucać programy.

Nową wersję wydarzeń opowiedziała policjantom z „Archiwum X” Henryka R.

> Dokładnej daty nie pamiętam, (...) było to późnym popołudniem, [kiedy] mój mąż powiedział mi o śmierci Jarka. Mąż wówczas był pod wpływem silnych emocji. Tak to wyglądało. Raczej nie był pod wpływem alkoholu, a na pewno nie był pijany. Widać było, że nie wie, co ze sobą robić. Siedzieliśmy wtedy przy ławie i rozmawialiśmy na jakiś temat, ale nie pamiętam o czym. Nagle [mój] mąż powiedział: „Muszę powiedzieć ci coś ważnego o Jarku”. Następnie, jednak nie jestem w stanie dokładnie zacytować jego słów, mąż powiedział [mi], że w niedzielę, kiedy to [ja] byłam

na komunii [u krewnych] w godzinach wieczorno-nocnych robił obchód domu i wtedy, w pomieszczeniu gospodarczym, znalazł nieżywego Jarka. To pomieszczenie gospodarcze jest wolno stojące na naszej posesji, otynkowane na biało. Jest to jedyne pomieszczenie gospodarcze na działce. W tym pomieszczeniu jest wersalka i Jarek często tam sypiał. Według słów [mojego] męża, [kiedy] wszedł on do tego pomieszczenia i zobaczył, że Jarek leży na wersalce i cytuję: „jest granatowy". Ze słów [mojego] męża wynikało, że był [on] na sto procent przekonany, że Jarek nie żyje. Mąż powiedział [mi też], że w pomieszczeniu był [wyczuwalny] smród alkoholu. Jednak nie zauważył tam żadnych butelek.

Kiedy kobieta zapytała męża: „Gdzie jest teraz Jarek?", usłyszała: „Nie wiem". Później do tego tematu już nie wracali.

Henryka R. przyznała, że po zniknięciu Jarosława P. znalazła jego kartę bankomatową. Z mężem wpadli wtedy na pomysł wybierania pieniędzy z konta zaginionego lokatora. Kobieta wyznała, że zrobiła to kilkanaście razy. Nie potrafiła wytłumaczyć dlaczego. Nie przyznała się również do napisania pocztówki z Katowic. Potwierdziła jednak, że miała w domu „wiele kartek okolicznościowych, także z wizerunkiem Katowic", na które ponaklejała znaczki.

Pytana przez prokuratora o miejsce ukrycia zwłok, kobieta wyznała, że uprawia od wielu lat przydomowy ogródek i jest raczej pewna, że jeżeli Jarosław P. „został zakopany, to nie na naszej posesji".

Do wysłania kartki przyznał się jej mąż.

Gdy byłem w Katowicach, wziąłem jakiegoś nieznanego mi mężczyznę, którego poprosiłem, aby napisał mi na tej kartce tekst, który mu podyktowałem – wyjaśniał przed prokuratorem. – Zrobił to za puszkę piwa. Nie wiem, kto to był, nie jestem w stanie go rozpoznać ani opisać. On pisał ten tekst na poczcie w Katowicach, zaraz niedaleko dworca. Nie pamiętam, przy jakiej ulicy znajduje się poczta. Na tej poczcie w Katowicach niedaleko dworca wrzuciłem tę kartkę.

– Stanisław R. według lekarzy nie mógł być osadzony w policyjnej izbie zatrzymań i trafił do szpitala, gdzie był pilnowany przez policjantów. Pamiętam jeden szczegół z jego doprowadzenia do prowizorycznej sali zatrzymań, już w szpitalu – wspomina Bogdan. – Jego wzrok przykuł włączony telewizor, który był podwieszony w kącie obok okna. On wtedy zaczął szukać pilota. W jego ręce wpadło urządzenie do dozowania kroplówki i on tym urządzeniem usiłował zmienić kanały telewizyjne.

Stanisław R. zaprzeczył, by jego żona lub on pobierali jakiekolwiek pieniądze z konta zaginionego mężczyzny. Twierdził, że Jarosław P. gdzieś wyjechał, a „istotne informacje dotyczące tego zaginięcia" może mieć jego syn, Tomasz, który zgłosił ten fakt policji.

– „Rozsiewania iluzji" ciąg dalszy – uśmiecha się Bogdan. – Wiedzieliśmy jednak z innych śledztw w sprawach niewyjaśnionych zaginięć, że kiedy sprawców lub osób wprowadzonych w scenariusz zbrodni jest więcej, ktoś może w którymś momencie pęknąć.

I tak się stało.

Dwa dni po zatrzymaniu uwolniona z policyjnego aresztu Henryka R. napisała oświadczenie, które dołączono do akt śledztwa:

> Mąż [mój] nie powiedział mi, gdzie ukrył zwłoki, [ponieważ] według mnie obawiał się, że mogę o tym komuś powiedzieć – pisała kobieta. – (...) Przypuszczam, że mąż mógł ukryć zwłoki w nieczynnym szambie znajdującym się pomiędzy domem a budynkiem na rowery. (...) Szambo było przykryte płytą chodnikową. Nie kojarzę dokładnie wymiarów otworu, ale wydaje mi się, że Jarek zmieściłby się w nim.

W tym samym dniu na posesji należącej do małżeństwa R. dokonano szczegółowych przeszukań i oględzin.

– Pamiętam, że zaczęliśmy koło południa – wspomina Bogdan. – Półtorej godziny później został dowieziony do nas z sądu Stanisław R. Kiedy miała zapaść decyzja o jego tymczasowym aresztowaniu, ten zawodowy gracz nie miał już żadnych wątpliwości, że nie blefujemy.

Mężczyzna powiedział, że ukrył zwłoki w szambie.

Ciało Jarosława P. było ukryte na głębokości około półtora metra. Leżało na podwójnie złożonej kołdrze i było przykryte kawałkami eternitu, liści i gałęzi. Zwłoki były w stanie dość zaawansowanego „rozkładu gnilnego i przeobrażenia tłuszczowo-woskowego”, tak że powstał z nich rodzaj betonowego posągu. Ciało trzeba było szybko przetransportować na sekcję, ponieważ w zetknięciu z powietrzem mogłoby się rozpaść. Dlatego powiększono otwór szamba i przy pomocy ekipy strażaków zwłoki wyjęto i przewieziono do Krakowa.

Doktor Filip Bolechała z Zakładu Medycyny Sądowej, który przeprowadzał sekcję zwłok mężczyzny, orzekł, że „zgon nastąpił w wyniku silnych obrażeń wewnętrznych”. Mogły one powstać w wyniku silnego ciosu zadanego w górną część klatki piersiowej „obutą stopą lub uderzeniem jakimś przedmiotem ze znaczną siłą”.

– Miejsce ukrycia zwłok nosi zawsze indywidualny rys – mówi Bogdan. – I dużo mówi nam na temat osobowości sprawcy.

– Niektórzy do ukrycia ciała wybierają ogród, dom, szopę – wylicza Mariusz.

– Sposób ukrycia zwłok może też wynikać po prostu z możliwości sprawcy lub topografii terenu. W gęstej zabudowie może nie być możliwości ukradkowego pozbycia się ciała. Nie każdy ma też samochód, który bardzo ułatwia sprawę. Każdy szczegół może mieć znaczenie. Jednak porzucenie zwłok poza znanym sprawcy terytorium wiąże się z większym ryzykiem ich odkrycia.

W przypadku Krystyny S. sprawca porzucił jej ciało, ponieważ nie było mu już potrzebne. Z kolei Dymitr K. zrobił ze zwłok swego ojca niemalże makabryczną dekorację teatralną.

– Ukrycie zwłok jest jedną z ostatnich sytuacji, kiedy sprawca ma jeszcze kontrolę nad ciałem ofiary – wyjaśnia Bogdan. – Jeśli jest zabójcą seryjnym, pozostawia sobie często pamiątkę po ofierze. Psychopaci za to muszą mieć pewność, dla nich ważna jest kontrola nad sytuacją, tu nie ma miejsca na pozytywne emocje. Ale jeżeli serce jest złe, to rozum podpowiada złe rozwiązania. To są ogólne zasady, ale zawsze na te elementy zbrodni należy patrzeć indywidualnie.

Dwa tygodnie po znalezieniu ciała Stanisław R. pisał w liście do prokuratora:

Panie Prokuratorze, chcę Panu wyjaśnić sprawę dotyczącą mojej żony.

Żona moja zagubiona i wystraszona popełniła błąd, że nie powiedziała, iż posiada pełnomocnictwo [od] Jarka od lat sześciu. Cały ten czas ona pobierała [za niego] pieniądze i jeździła z nim po sądach w jego sprawach. Występku więc nie popełniła, bo nie wiedziała, że Jarek nie żyje. Ja nie chcąc obciążać jej psychiki, trzymałem ją w świadomości, że Jarek jest na Śląsku u kolegi i mam mu połowę pieniędzy dostarczać. Stąd ta widokówka. (...)

Wina leży w całości po mojej stronie, [i dlatego] proszę Pana o podjęcie sprawiedliwej decyzji w tej sprawie. Niech niewinni nie cierpią (...)

Z poważaniem – Stanisław R.

Proces w sprawie śmierci Jarosława P. ruszył po dziewięciu miesiącach od aresztowania właścicieli posesji, na której znaleziono ciało mężczyzny.

Stanisław R., składając wyjaśnienia, powtórzył z grubsza to, co mówił prokuratorowi w śledztwie. Przyznał się do profanacji zwłok Jarosława P., ale do reszty zarzutów, w tym do zabójstwa oraz do korzystania z pobieranych przez jego żonę pieniędzy z konta Jarosława P. – już nie.

Zmienił wyjaśnienia w jednym elemencie. Żona Stanisława R. miała być w domu w momencie, kiedy Jarosław P. zmarł. Stanisław R. wyjaśniał przed sądem:

Zaczęliśmy się wtedy zastanawiać z żoną, co zrobić ze zwłokami, i doszliśmy do wniosku, że pochowamy je u siebie na podwórku. I tak też zrobiliśmy, wkładając zwłoki Jarka do takiej pustej piwniczki po szambie. Potem uzgodniliśmy ze sobą, że żona miała o niczym nie wiedzieć, bo w tym czasie miała być [u krewnych] na komunii. Później, jak pytali się mnie o Jarka, to mówiłem wszystkim, że wyjechał i że jest gdzieś w Katowicach u swoich kolegów. I tak to wszystko trwało aż do momentu, kiedy zostałem zatrzymany przez Policję. I to by było wszystko, co mam do powiedzenia w tej sprawie.

– Czy jedynym motywem zamordowania Janusza P. była chciwość? – zastanawia się Bogdan. – W wielu naszych śledztwach sprawca coś zyskiwał na zabiciu ofiary. W sprawie Jarosława P. sprawcy korzystali z jego pieniędzy przez wiele miesięcy po jego śmierci. W przypadku zabójstwa bezdomnego na działkach sprawca zyskał satysfakcję z dokonanej zemsty. Wreszcie sprawca uprowadzenia i zabójstwa krakowskiej studentki zyskał jej ciało.

Stanisław R. został skazany na łączną karę ośmiu lat pozbawienia wolności. Jego żona otrzymała karę dwóch lat w zawieszeniu na pięć. Wyrok był stosunkowo łagodny, ponieważ sąd uznał, że Jarosław P. zmarł w wyniku pobicia, a nie zabójstwa.

– Nie zgadzam się z taką kwalifikacją czynu – kręci głową Bogdan. – Często narzędziem zbrodni są same pięści lub nogi. Mam tu podobne zdanie jak Mojżesz, który nauczał, że kto zabija z nienawiści, jest zabójcą.

– Stanisław wyszedł z więzienia jakieś dwa tygodnie po wyroku – dodaje Mariusz.

Był poważnie chory, więc sąd wydał postanowienie o zawieszeniu kary i zakazie opuszczania przez niego kraju. Stanisław R. zmarł kilka miesięcy później. Umierał w domu, w obejściu którego znaleziono zwłoki Jarosława P. W trakcie śledztwa i procesu wysłał do prokuratury i sądu kilkanaście obszernych pism, w których obciążał między innymi swoją żonę, a usprawiedliwiał siebie.

Do zabójstwa Jarosława P. nie przyznał się nigdy.

Zdarza się, że w przypadku niektórych zabójców zbrodnia została przez nich wyparta. Zdarza się też i tak, a stało się to już w kilku śledztwach prowadzonych przez policjantów z krakowskiego „Archiwum X", że sprawca odmienił po „złym czynie" całe swoje życie, że zbrodnia doprowadziła do jego „nawrócenia" i zmiany dotychczasowego trybu życia. W takich przypadkach sprawca potrafi tak dalece zdystansować się od swojego czynu i zidentyfikować z nową rolą porządnego obywatela, że aresztowanie traktuje jako wyraz głębokiej niesprawiedliwości. Winą za sytuację, w jakiej się znalazł, zaczyna obarczać otoczenie, rodzinę, bliskich, a nawet samą ofiarę. Bo on przecież jest już innym człowiekiem, zmienił się, nie czyni zła.

– To prawda – kiwa głową Bogdan. – Często po popełnieniu zbrodni zabójca staje się innym człowiekiem. Nie zmienia to faktu, że jest winny. I to nie znaczy, że możemy zrezygnować z jego ścigania. Więc dopóki można, walczymy. Kiedy widzimy, że ktoś z otoczenia ofiary nagle odmienia swoje życie, na przykład wpada w nałóg albo z niego wychodzi, zmienia nawyki, a nawet wygląd zewnętrzny, to jest to dla nas sygnał, że przeżył jakąś graniczną sytuację, która nim wstrząsnęła. Mało kto potrafi zabić bez konsekwencji dla swojej psychiki. My staramy się to wykorzystać.

Brak miłości

14

– To było tuż przed wizytą papieża – zaczyna opowieść Bogdan. – Stan wojenny. Czerwiec 1983 roku.

Dokładnie 9 czerwca w Krakowie w małym mieszkaniu na jednym z osiedli z wielkiej płyty znaleziono rozczłonkowane ciało młodego mężczyzny i zwłoki kobiety w średnim wieku, której sprawca, bądź sprawcy, odcięli głowę, zdjęli z niej skórę i wyjęli gałki oczne.

– Na tę sprawę trafiliśmy podczas poszukiwań zabójcy Krystyny S. – dodaje Mariusz.

Szara teczka, w niej kilkadziesiąt stron pisanych na maszynie protokołów. Na pierwszej stronie notatka służbowa sporządzona z rozmowy z przyrodnią siostrą zamordowanej, Marią B. Kobieta wspominała o nieudanym małżeństwie swojej siostry Zofii, o awanturach, do których dochodziło od samego początku. Jan N. był emerytowanym kierowcą. Młodsza od niego o kilka lat Zofia pracowała jako kelnerka w restauracji na Rynku Głównym. W roku 1979 państwo N. wzięli rozwód, ale nadal mieszkali razem. Jan zajmował jeden pokój, a Zofia i trzech synów drugi, trochę większy. Często do mieszkania przyjeżdżała milicja. Jan awanturował się, pił. Kilka razy trafiał do izby wytrzeźwień, na odwyk do szpitala. Za znęcanie się nad rodziną wylądował w więzieniu.

– Brak miłości – powtarza Bogdan.

– Już to mówiłeś... – uśmiecha się Mariusz.

– I będę to powtarzał. Brak miłości jest pierwszą przyczyną zbrodni. Nie trzeba daleko szukać przyczyn czy motywów zabójstwa, tylko sprawdzić najprostsze rzeczy: jak wyglądały relacje w rodzinie ofiary? Czy w rodzinie była bliskość, czy dochodziło do konfliktów? Na jakim tle? Jaki był poziom miłości w tej rodzinie? Miłość to nie tylko piękne słowo z piosenek czy seksualne spełnienie, ale przede wszystkim odpowiedzialność.

– Może ty księdzem powinieneś być i kazania głosić – żartuje Mariusz.

– To nie są tylko słowa, to wynika z mojego doświadczenia – odpowiada z powagą Bogdan. – Brak miłości też jest śladem i nie da się go usunąć.

W rodzinie N. od dawna nie było spokoju. Synowie byli związani emocjonalnie z matką, nie utrzymywali relacji z ojcem, który w domu bywał gościem. Kiedy się pojawiał, oznaczało to jedno: awantury, wyzwiska, tłuczenie naczyń i bicie.

Sporządzający notatkę urzędową funkcjonariusz wspomina, że Jan był zagorzałym graczem w toto-lotka. „Świadczą o tym kupony (...) znajdujące się

Tytuł artykułu z „Dziennika Polskiego"

Podwójne zabójstwo na Azorach

w przyniesionych [do domu siostry żony] przedmiotach – pisał w notatce. – Na jedną grę wypełniał około 40 kuponów".

– Poza alkoholem i brakiem pozytywnych uczuć był jeszcze hazard – dodaje Bogdan. – Jan N. wydawał pieniądze wyłącznie na własne przyjemności, chciał zostać milionerem, zaniedbywał bliskich. Ten szczegół pokazuje, jak wyglądało życie tej rodziny.

W prowadzonym w 1983 roku śledztwie jako pierwszy złożył zeznania najstarszy syn państwa N., dwudziestoletni Robert.

Ponieważ ojciec nasz awanturuje się z naszą matką, bije ją bez powodu, ponieważ awanturuje się ze mną i moimi braćmi i też nas bije, my trzymaliśmy stronę naszej matki – zeznawał. – Ani ja, ani moi bracia nie rozmawiamy z naszym ojcem. Staramy [się] mu schodzić z drogi. Kilka tygodni temu, w kwietniu lub [w] maju 1983 roku, ojciec nasz spotkał w kuchni mojego brata Piotra i zaczął go dusić rękami za szyję, lecz Piotr wyrwał mu się i uciekł. Ani ja, ani moi bracia, ani też matka nigdy nie zaczepialiśmy naszego ojca – Jana N., nigdy [też] nie usiłowaliśmy go pobić. Kiedy on nas bił, to myśmy uciekali – wychodzili z domu.

9 czerwca 1983 roku Robert jak zwykle wyszedł rano do pracy. Wcześniej zjadł śniadanie. Tego dnia

zrobił je sobie sam. Towarzyszył mu starszy z dwóch braci, Piotr.

Do dnia wczorajszego [czyli 8 czerwca] nigdy nie zdarzyło się, aby matka nasza nie wróciła na noc do domu – mówił dalej Robert. – W dniu wczorajszym po raz pierwszy zdarzyło się, że (...) [matki nie było]. Jeśli idzie o mojego [najmłodszego] brata Janusza, to po raz ostatni widziałem go w dniu 6 czerwca 1983 roku, tj. w poniedziałek przed moim pójściem do pracy, bo Janusz chodził do pracy później niż ja [i] wychodził [zawsze] z domu po mnie. Matka nasza Zofia denerwowała się, nie wiedziała, gdzie przebywa Janusz, martwiła się o niego, nie wiedziała, co myśleć. Z ojcem naszym nasza matka nie rozmawiała przy mnie na temat zaginięcia Janusza.

Kiedy Robert wrócił z pracy, w domu nadal nie było ani Janusza, ani matki. Ojciec powiedział mu tylko, że matka „nie wróci do domu, bo wyjechała na wieś" koło Wadowic. Zofia jednak nie wspomniała wcześniej żadnemu ze swoich synów o wyjeździe do krewnych na wieś.

Kiedy przyszedłem do mieszkania [następnego dnia] i kiedy robiłem sobie herbatę, to słyszałem, że ojciec kręci się po swoim pokoju, że jest w mieszkaniu – kontynuował swoje zeznania

Robert. – W pewnym momencie usłyszałem, jak otwierają się drzwi do mojego pokoju. Domyśliłem się [wtedy], że to wszedł do pokoju mój ojciec. Nie odwracałem się do tyłu. W pewnym momencie poczułem bardzo mocne uderzenie w prawą stronę głowy, a zaraz później bardzo mocne uderzenie w tył. Upadłem na podłogę, nie straciłem jednak przytomności. Zauważyłem, że nade mną stoi mój ojciec, trzymając w ręku metalowy okrągły pręt o długości około 80 centymetrów – długości nie potrafię dokładniej określić. Ojciec zamachnął się jeszcze raz, chcąc mnie uderzyć tym prętem. Ja jednak zasłoniłem się rękami i na ręce przyjąłem około trzy uderzenia.

Robert leżał na ziemi, a ojciec bił go metalowym prętem. W pewnym momencie chłopakowi udało się przytrzymać pręt. Zerwał się i uciekł z mieszkania. Kiedy wrócił do domu, zobaczył w małym pokoju „zwłoki kobiety bez głowy". Doznał szoku. Przesłuchującemu go funkcjonariuszowi powiedział później jeszcze, że miał usłyszeć od ojca dzień wcześniej, że jego najmłodszy brat Janusz „pojechał gdzieś zbierać truskawki".

Nie rozpoznałem, czyje to zwłoki – zeznawał dalej Robert. – Ja wystraszyłem się tego widoku, wyszedłem z mieszkania, poszedłem do mieszkania sąsiada Romana N., mieszkającego na parterze, i powiedziałem mu o tym, co zobaczyłem w [naszym] mieszkaniu. N. poszedł gdzieś zatelefonować (...). Ja wyszedłem przed blok. Widziałem, jak przyjechali milicjanci. Po chwili milicjanci zabrali mnie do samochodu osobowego, a później do tego [samego] samochodu wprowadzono mojego ojca [Jana N.], który powiedział do mnie, że w szafie [w jego pokoju] są zwłoki jego przyjaciółki, której on obciął głowę.

– W tym zeznaniu jest wszystko – wzrusza ramionami Bogdan. – Szok ofiary, „zakłamywanie rzeczywistości" przez sprawcę i fotograficzny zapis tego, co się w tym mieszkaniu wydarzyło. Mnie podczas lektury akt tej sprawy zaskoczył fakt, że zabójstwa i kawałkowania zwłok można dokonać na niewielkiej przestrzeni mieszkania w bloku.

Drugi z braci, Piotr, potwierdził zeznania brata. Podczas przesłuchania Jan N. opowiedział ze szczegółami, jak wyglądały ostatnie trzy dni jego życia.

W tej chwili jestem głodny, ponieważ aż od rana nic nie jadłem – zaczął swoje wyjaśnienia. – Ogólnie czuję się dobrze. Tylko od czasu do czasu coś mi szumi w głowie. (...) W dniu 7 czerwca 1983 roku syn mój Janusz powiedział do mnie: „jeszcze tu jesteś, skurwysynu! Ja cię usadzę". W tej sytuacji, kiedy żona wyszła rano z domu, a także pozostałych [dwóch] synów też nie było, a był jedynie Janusz, ja wykorzystałem moment, kiedy on znajdował się w dużym pokoju obok wersalki i był on pochylony i wtedy złapałem rurkę metalową (...) długości około 80 centymetrów, którą ja normalnie ciąłem i wykonywałem z niej „judasze" do drzwi, i uderzyłem z tyłu w głowę Januszka. Uderzyłem go kilkakrotnie, ale w tej chwili nie jestem w stanie powiedzieć ile razy. Po tych uderzeniach Januszek upadł na podłogę. Wydaje mi się, że nie żył.

Później Jan N. rozebrał zwłoki syna i kuchennym nożem odciął najpierw głowę chłopaka, a później zaczął kawałkować zwłoki.

Chciałem je po kawałku wynieść z mieszkania i ukryć – wyjaśnił. – W tym celu wziąłem piłkę do metalu oraz ten sam nóż, którym obciąłem głowę, i nadcinając skórę wkoło kości, a następnie przecinając piłką kość, obciąłem Januszkowi obie ręce tuż poniżej stawów obojczykowych.

Potem w podobny sposób obciął nogi.

Następnie, ale nie pamiętam w jaki sposób, to znaczy czy nożem, czy też piłką [do metalu], przeciąłem tułów [syna] poniżej klatki piersiowej, a wnętrzności pokroiłem i wrzuciłem do miski klozetowej – kontynuował swoje wyjaśnienia

Jan N. – W tym miejscu chciałem też dodać, że nogi przeciąłem ponadto także poniżej kolan. Za wyjątkiem kikutów nóg, które zapakowałem w worki i włożyłem do siatki, resztę ciała Januszka pokawałkowaną włożyłem do worków foliowych, a następnie do szafy znajdującej się w moim pokoju. Po schowaniu zwłok umyłem podłogę i wytarłem ją szmatą na mokro. Po umyciu nie było widać śladów krwi. W tej chwili nie przypominam sobie tego dokładnie, ale wydaje mi się, że około godziny 14.30 przyszła do mieszkania moja żona [Zofia]. Ja wtedy już miałem uprzątnięty pokój, a zwłoki Januszka leżały u mnie w mieszkaniu.

Jan N. z kikutami nóg Janusza w siatce pojechał miejskim autobusem na ulicę Basztową, gdzie zjadł obiad w jadłodajni. Do słoika wziął „na potem" zupę pomidorową. Później pojechał na plac Wolnica, a stamtąd poszedł ulicami Trynitarską i Gazową nad Wisłę. Szedł w stronę Wawelu, ale „tam było dużo ludzi".

Zawróciłem więc i przeszedłem przez most na Wildze, gdzie obok drzewka wrzuciłem kikuty do Wisły.

Gdy Jan N. wrócił do domu, oglądał telewizję i poszedł spać. Następnego dnia, po wyjściu synów do pracy, Jan N. został w mieszkaniu tylko z żoną. Wtedy postanowił ją zabić.

Pomyślałem sobie, że jak ona nie będzie żyła, to dojdę jakoś z synami do ładu – wyznał policjantom podczas przesłuchania. – Stałem w dużym pokoju spokojnie i czekałem, kiedy ona odwróci się do mnie tyłem.

Gdy tak się stało, Jan N. uderzył ją metalowym prętem w głowę. Zwłoki Zofii zaczął kawałkować w taki sam sposób, jak zrobił to z ciałem Janusza. „Z tym, że w przypadku żony – wyjaśniał policjantom – ciężko mi było przeciąć kręgosłup, ale jakoś dałem sobie radę".

– Analizując akta, zwróciliśmy uwagę na aspekt seksualny tego zabójstwa – mówi Bogdan. – Otóż Jan N. po obcięciu swojej żonie głowy włożył jej zwłoki do wanny i zaczął czule myć jej ciało. Przesłuchującym go funkcjonariuszom opowiedział o piersiach zabitej przez siebie żony, które bardzo mu się kiedyś podobały.

Następnego dnia rano Jan N. obejrzał ostatni odcinek serialu telewizyjnego *Wyspa mew*, bo chciał wiedzieć, „jak się to skończy". Później postanowił opuścić mieszkanie, pozostawiając zwłoki syna i żony.

Istotne szczegóły do rekonstrukcji przebiegu zbrodni wniosły zeznania taksówkarza, który przewoził kilkakrotnie Jana N. Ten miał mu wyznać podczas kursu, że „wszystko mu jedno, że najwyżej dostanie karę śmierci, że i tak bardzo cierpiał, bo synowie mu dokuczali".

– To bardzo charakterystyczne – ożywia się Bogdan. – Sprawcy zabójstw często próbują zrzucić winę na ofiary, oczerniają je. Nawet kiedy ktoś przyznaje się do winy, prawie zawsze próbuje się usprawiedliwiać. To szczegół i dowód.

Sąsiad rodziny N., Jacek R., który nie utrzymywał serdecznych sąsiedzkich kontaktów z Janem N., ale z jego zamordowaną żoną, zeznał, że w domu państwa N. panowała bieda. Zofia często pokazywała mu sińce i rany, które zadał jej mąż. Wspomniał, że małżeństwo N. miało jeszcze jedno dziecko, Grażynkę, która w wieku ośmiu miesięcy spłonęła w łóżeczku.

– Powiem jeszcze raz, że wszystko, co działo się przez lata w rodzinie N., wynikało z braku miłości – podkreśla Bogdan. – Święty Paweł pisał, że „miłość nie zazdrości, nie unosi się pychą, nie dopuszcza się bezwstydu, nie unosi się gniewem". Tego zabrakło w tej rodzinie. Bliscy Jana N. próbowali mu schodzić z drogi, nie dążyli do konfrontacji, ale on nie potrafił żyć bez nienawiści.

Piętnaście lat później, w marcu 1998 roku, czyli dziewięć miesięcy przed odnalezieniem szczątków Krystyny S., Jan N. wyszedł ze szpitala psychiatrycznego. Już po odnalezieniu fragmentów zwłok studentki policjanci przesłuchali mordercę sprzed lat. Przeprowadzono też tak zwane czynności sprawdzające i wykluczono, by Jan N. miał jakikolwiek związek z zabójstwem Krystyny S.

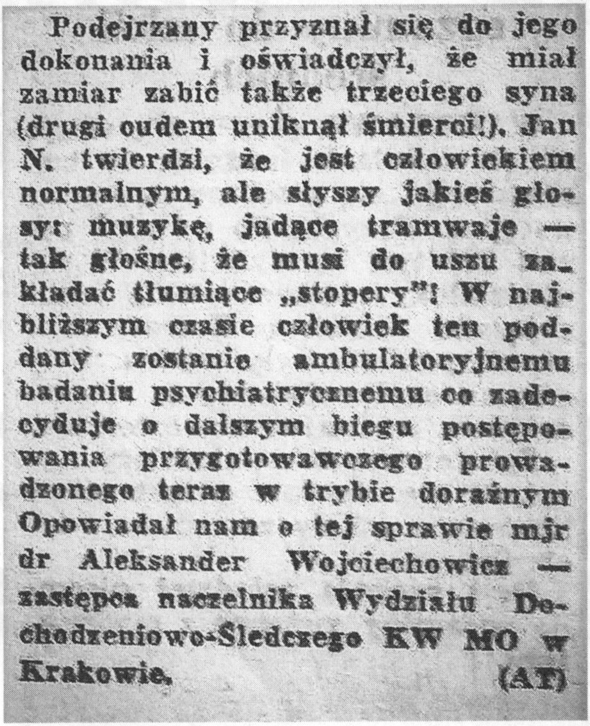

Podejrzany przyznał się do jego dokonania i oświadczył, że miał zamiar zabić także trzeciego syna (drugi cudem uniknął śmierci!). Jan N. twierdzi, że jest człowiekiem normalnym, ale słyszy jakieś głosy: muzykę, jadące tramwaje — tak głośne, że musi do uszu zakładać tłumiące „stopery"! W najbliższym czasie człowiek ten poddany zostanie ambulatoryjnemu badaniu psychiatrycznemu co zadecyduje o dalszym biegu postępowania przygotowawczego prowadzonego teraz w trybie doraźnym Opowiadał nam o tej sprawie mjr dr Aleksander Wojciechowicz — zastępca naczelnika Wydziału Dochodzeniowo-Śledczego KW MO w Krakowie. (AT)

Fragment artykułu z „Dziennika Polskiego" z połowy czerwca 1983 r.

– Zainteresowaliśmy się tą sprawą przez jeden szczegół dotyczący ofiary Jana N. – dodaje Bogdan. – On nie tylko obciął głowę swojej żony, ale zdjął z jej twarzy skalp. To bardzo rzadki element *modus operandi*.

– Jeszcze jedno było znaczące – mówi Mariusz. – Konsultując tę sprawę z FBI, dowiedzieliśmy się, że często seryjni zabójcy szczątki swoich ofiar ukrywają w zbiornikach wodnych. FBI nie potrafiło tego w żaden racjonalny sposób wytłumaczyć.

– Chociaż wtedy nie znaleźliśmy sprawcy zabójstwa Krystyny S., to ten przypadek wiele nas nauczył – dodaje Bogdan. – Jan N. wychowywał się nad Wisłą. Znał dobrze teren. To, co wrzucił do rzeki, a były to szczątki jego syna Janusza, nigdy nie zostało odnalezione. Nikt też specjalnie w tamtym czasie tych wyrzuconych do wody szczątków nie szukał.

Portret ofiary

15

– Muszę podkreślić, że nigdy nie robimy osobno portretu sprawcy i portretu ofiary – mówi Ewa Wach, biegła psycholog z krakowskiego Instytutu Ekspertyz Sądowych. – Portret ofiary jest zawsze częścią opinii dotyczącej profilowania nieznanego sprawcy zabójstwa.

Oprócz analizy danych dotyczących czasu, miejsca i możliwego przebiegu zbrodni, drugim istotnym obszarem, którym zajmują się profilerzy, są dane wiktymologiczne, czyli informacje dotyczące ofiary przestępstwa oraz jej roli w genezie zbrodni. Mogą to być szczegóły dotyczące jej codziennego życia, przyzwyczajeń, znajomych, zainteresowań, ale też pisane przez nią listy, notatki, wpisy i komentarze na portalach społecznościowych, czy wreszcie relacje z najbliższymi. Nawet najdrobniejszy element biografii ofiary może się okazać finalnie znaczący.

– Na podstawie tych danych można zrekonstruować portret sprawcy jako osoby z jakiegoś powodu zainteresowanej ofiarą o odtworzonych przez nas cechach – podsumowuje Ewa Wach. – Na kompleksową opinię dotyczącą potencjalnego sprawcy i możliwych motywacji jego zbrodni zawsze składa się portret ofiary.

Ważnym etapem pracy profilera jest próba odtworzenia przebiegu zbrodni, do czego wykorzystuje się przede wszystkim dane z oględzin miejsca zdarzenia oraz miejsce porzucenia zwłok, ale również bierze się pod uwagę obrażenia ofiary, na podstawie których można zrekonstruować zachowanie sprawcy.

– Im więcej wiemy na temat ofiary, tym więcej możemy wnioskować na temat sprawcy – podkreśla biegła. – To może być na przykład tak drobna rzecz jak łyżeczka na miejscu zbrodni. Ze sposobu, w jaki została odłożona, możemy się dowiedzieć, czy zrobiła to ofiara, czy sprawca. Dzięki dokładnemu poznaniu życia i okoliczności śmierci ofiary staramy się nie popełnić błędu, próbując opisać sprawcę wtedy, gdy mamy do czynienia na przykład z samobójstwem.

Te wszystkie drobne elementy umożliwiają rekonstrukcję zdarzenia i stworzenie hipotezy na temat tego, kim jest sprawca, jaka relacja łączyła go z ofiarą i jakie żywił wobec niej uczucia.

Każda zbrodnia to sytuacja, w której stają naprzeciwko siebie sprawca i ofiara. To może być przypadkowe spotkanie, umówiona randka albo małżeńska kłótnia. Motywy zabójstw są różne: ekonomiczne, patologiczne, emocjonalne lub seksualne. Tych ostatnich jest wprawdzie najmniej, jednak ponieważ bywają seryjne, złapanie sprawcy ma szczególne znaczenie, bo istnieje zagrożenie, że zabójca uderzy ponownie. W większości ofiarami zabójstw na tle seksualnym są kobiety. Polskie badania prowadzone przez Instytut Ekspertyz Sądowych[27] precyzują, że zazwyczaj są to osoby przeciętnie dbające o swój wygląd i przeciętnie atrakcyjne. Istotnym aspektem życia ofiar zabójstw na tle seksualnym jest ograniczony zakres ich kontaktów społecznych. Dlatego często trudno jest dotrzeć do informacji o ich zachowaniach czy relacjach z innymi.

– Ofiary zabójstw na tle seksualnym w swoim codziennym życiu często przejawiały uległość i podporządkowanie – kontynuuje Ewa Wach.

Czy można to nazwać „syndromem ofiary"?

– Coś w tym jest – przyznaje biegła. – To nie były osoby konfliktowe. W sytuacjach konfrontacyjnych stosowały uniki lub ucieczkę, nie reagowały agresją. Miały też obniżoną samoocenę i małe poczucie wiary we własne możliwości. Te cechy charakteru mogły decydować o wyborze przez sprawcę tej właśnie osoby: był pewien, że nie będzie się bronić.

Znacznie trudniej jest stworzyć portret ofiary i portret sprawcy, gdy nieznane jest miejsce zbrodni, nie ma zwłok w całości, tylko szczątki.

– Wtedy musimy skupić się na bardzo drobnych szczegółach z sekcji – mówi Ewa Wach. – I dokładnie poznać życie ofiary przed jej śmiercią. Ważne może się też okazać, gdzie zwłoki zostały porzucone.

To może wskazywać na potencjalną bliskość miejsca zamieszkania sprawcy. Tak mogło być w przypadku zabójstwa Krystyny S. Jej szczątki zostały wyrzucone do Wisły. Sprawca mógł więc w pobliżu rzeki mieszkać lub dorastać. Czasami zabójca nie jest w stanie wywieźć zwłok z posesji, gdzie doszło do zbrodni, więc musi je tam ukryć. Tak było w przypadku zwłok mężczyzny ukrytych w starym szambie, kilkadziesiąt metrów od domu, gdzie człowiek ten został zamordowany.

– W przypadku porzucenia zwłok w innym miejscu niż to, w którym doszło do zbrodni, bardzo ważne są szczegóły obrażeń zadanych przez sprawcę – mówi Ewa Wach.

Co można z nich wywnioskować?

– Siłę ciosów, sposób i miejsce zadawania ran, nie tylko śmiertelnych, lecz także sugerujących na przykład potrzebę sadystycznego znęcania się nad ofiarą. Ważne jest, które obrażenia zostały zadane po śmierci ofiary – wylicza biegła. – To wiele mówi na temat sprawcy i zachowania ofiary podczas zabójstwa. Mnie nie przekonują sceny z seriali telewizyjnych, w których na miejsce zbrodni przyjeżdża profiler i jeden rzut oka pozwala mu odtworzyć w głowie przebieg zabójstwa. To niemożliwe. Proces dochodzenia do hipotez jest długi i żmudny.

Najczęściej dopiero po analizie protokołów z sekcji zwłok profiler wie, co dokładnie ofierze zrobił sprawca. W przypadku zabójstwa Krystyny S. dopiero kilkanaście lat po zbrodni zdobycze nowoczesnej techniki, jak ekspertyza 3D, umożliwiły odkrycie pełnego zakresu obrażeń wewnętrznych i zewnętrznych ofiary.

Opowieść o sprawcy to też opowieść o tym, co zrobił z ofiarą, a opracowujący analizę psycholog zastanawia się, kim może być osoba, która zachowuje się w taki sposób. Zbrodnie o podłożu seksualnym wyzwalają zazwyczaj pokłady długo tłumionej agresji i frustracji sprawcy, a zabójstwo staje się często substytutem aktu seksualnego.

– Paradoksem spotkania samotnej ofiary jest spotkanie z samotnym sprawcą, w którego głowie często na wiele miesięcy przed popełnieniem zbrodni pojawiły się chorobliwe fantazje. One później przechodzą w czyn – podsumowuje Ewa Wach.

Pozostawienie zwłok przez sprawcę w taki sposób, by zostały one szybko odnalezione, też może mieć znaczenie, jak w przypadku Dymitra K., który ze swojej zbrodni i zwłok ojca chciał uczynić swoiste dzieło sztuki. To zabójstwo miało cechy zemsty rodowej. Sama teatralizacja zachowań jest jednak częściej elementem działań sprawców popełniających zabójstwa na tle seksualnym. Można nawet zaryzykować twierdzenie, że jest to ich znak firmowy.

– Sprawca zbrodni na tle seksualnym może chcieć pokazać społeczeństwu, że „wy mnie nie zauważaliście, a mnie stać było na coś takiego! Teraz macie za swoje..." – kończy Ewa Wach.

W profilowaniu psychologicznym bardzo ważne są też szczegóły stanu, w jakim zostały porzucone zwłoki: czy są one w ubraniu, czy rozebrane, czy ewentualne manipulacje z odzieżą ofiary czynione były przed czy po jej śmierci? Czy zwłoki znajdowały się na widoku, czy ukryte, jeżeli tak, to w jaki sposób? Czy jeśli zostały zakopane, to głęboko czy płytko? Czy ciało ofiary leżało na boku prawym czy lewym? Czy ktoś ruszał zwłoki? Czy ofiara, która leżała na przykład na plecach, została odwrócona, bo w pokoju było ciasno i ktoś z ekipy policyjnej chciał tamtędy przejść?

– Często zwracamy uwagę śledczym czy prokuratorom, by w sposób bardzo szczegółowy opisywali miejsce znalezienia ciała – dodaje Ewa Wach. – Prosimy, by opisywali ewentualne zmiany dokonane przez gapiów, czy przez lekarza pogotowia ratunkowego. Bo czyjaś nieuwaga lub bałagan panujący w miejscu znalezienia ciała mogą nas pozbawić bardzo ważnych informacji na temat sprawcy oraz przebiegu samego zdarzenia.

Portret sprawcy i portret ofiary powstają zazwyczaj przez wiele tygodni. Analizie poddawane są w całości dotychczasowe czynności śledcze.

– Wszystko zależy od obfitości materiału – przyznaje Ewa Wach. – Im więcej świadków, ekspertyz czy eksperymentów procesowych, im dokładniej odtworzono tryb życia ofiary, tym wyraźniej zarysowuje się nam osoba sprawcy. Ale ten proces wymaga czasu.

Profilerzy pojawiają się w sprawie zazwyczaj wtedy, gdy zawiodły dotychczasowe metody śledcze. Sprawca nie został wskazany i schwytany, a samemu śledztwu grozi umorzenie.

– Ale my nie jesteśmy cudotwórcami – mówi biegła. – Wykonujemy portret potencjalnego sprawcy, ale to nie znaczy, że w analizie wskazujemy

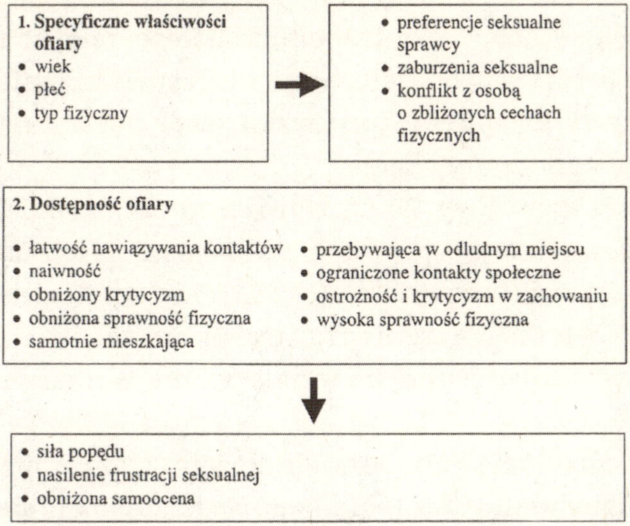

Tabela „Ofiary zabójstw" autorstwa Teresy Jaśkiewicz-Obydzińskiej oraz Ewy Wach opublikowana w książce *Zabójcy i ich ofiary*, Kraków 2002, s. 125

konkretną osobę z imienia i nazwiska, stwierdzając, że ten i ten człowiek zabił. To tak nie działa.

W analizie oceniana jest możliwość popełnienia danej zbrodni przez potencjalnego sprawcę. Weryfikowane są jego prawdopodobne kontakty z ofiarą oraz motywy samego czynu. Analiza życia ofiary w profilowaniu psychologicznym daje szansę na odtworzenie charakteru i sposobu postępowania potencjalnego sprawcy. Brane pod uwagę są jego zainteresowania, karalność, relacje z bliskimi i rodziną. Profilerzy poszukują możliwego punktu w czasie, kiedy mógł on spotkać swoją ofiarę. Przyglądają się też zachowaniu domniemanego sprawcy po jej śmierci.

– To często bywa moment zwrotny śledztwa – mówi Ewa Wach. – Zawsze jednak należy dalej szukać, bo profil psychologiczny to nie jest wskazanie sprawcy, tylko opracowanie wskazówek pozwalających na jego identyfikację.

Z obserwacji Ewy Wach wynika, że najbardziej zainteresowani w sprawach niewyjaśnionych zabójstw sprzed lat są policjanci z „Archiwum X". Dla nich stworzenie portretu sprawcy i ofiary zabójstwa może być bardzo pomocne w dalszym prowadzeniu sprawy.

– Ci policjanci są znakomicie zorientowani w materiale dowodowym, a to pomaga na każdym etapie powstawania analizy.

W analizie ustala się też, czy sprawca był seryjnym zabójcą, czy też pojedynczym.

– O jednokrotnym zabójstwie może decydować przypadek. Może sprawca zbyt silnie starał się przełamać opór ofiary, którą chciał zgwałcić. Może przeraził się tym, że posunął się za daleko, więc próbuje ukryć gwałt i zabija swoją ofiarę. Istnieje jednak niebezpieczeństwo, że gdy ktoś dokona zabójstwa w sytuacji związanej z zaspokajaniem popędu seksualnego, może odczuć dodatkowe, nieznane mu do tej pory, silne emocje, które będzie chciał przeżyć ponownie i w ten sposób stanie się sprawcą seryjnym, zakładającym polowanie na następne ofiary. Zdarzają się też przypadki zabójstw na tle seksualnym, w których sprawca nie odbył z ofiarą stosunku seksualnego, natomiast obrażenia wewnętrzne i zewnętrzne stwierdzone u ofiary mogą wskazywać, że znęcał się nad nią. Sadyzm jest w tym wypadku substytutem stosunku seksualnego.

Ale sprawca seryjny może się też zatrzymać i przestać zabijać. Wszystko zależy od okoliczności jego biografii. Może na to wpłynąć wiele czynników. Jakieś wydarzenie może odmienić całkowicie jego system wartości. Sprawca może znaleźć partnera lub partnerkę, którzy zaspokoją jego seksualne potrzeby, nawet te najbardziej nietypowe. Może też w związku z wiekiem czy dolegliwościami osłabnąć siła jego popędu seksualnego. Wreszcie może odczuć zmęczenie ukrywaniem się przed wymiarem sprawiedliwości albo trafić do więzienia za inne przestępstwo, zachorować, umrzeć. Wtedy seria zbrodni się kończy.

A czasem, jeśli do takiego przełomowego wydarzenia dojdzie w życiu sprawcy po pierwszym zabójstwie, może w ogóle się nie zacząć. Czy tak się stało w przypadku zabójcy Krystyny S.?

Odpowiedź na to pytanie poznamy w sądzie.

To już koniec

Katedrę Medycyny Sądowej Uniwersytetu Jagiellońskiego powołano w 1804 roku, jest więc jednym z najstarszych tego typu ośrodków w Europie. Od 1894 roku Katedra i Zakład Medycyny Sądowej mają swoją siedzibę przy ulicy Grzegórzeckiej 16 w Krakowie. Tradycja to jednak nie tylko zabytkowe mury, setki absolwentów i nazwiska wybitnych badaczy. To też swoiste archiwum dokumentujące „sposoby umierania" obywateli Królewskiego Miasta Krakowa od mniej więcej 1877 roku do dziś. Bezcenne archiwum.

W środę 4 października 2017 roku w krakowskim Zakładzie Medycyny Sądowej pojawił się pięćdziesięciodwuletni mieszkaniec krakowskiego Kazimierza. Tego samego dnia kilka godzin później został zatrzymany. Stało się to przed wejściem do klatki bloku, w którym mieszkał. Zatrzymali go policyjni antyterroryści. Z podniesionymi rękami, stojąc twarzą do drzwi, usłyszał odczytane przez jednego z policjantów zarzuty. Wysłuchał ich spokojnie. Nie stawiał oporu. Na zdjęciach z zatrzymania jest lekko przygarbiony. Wśród rosłych antyterrorystów wygląda na zagubionego i wystraszonego.

Cała akcja trwała raptem kilka minut. Potem w kolumnie samochodów na sygnale przewieziono go do siedziby krakowskiego policyjnego „Archiwum X".

Następnego dnia został przesłuchany przez prokuratora. Wtedy wyglądał na zdjęciach zupełnie inaczej niż podczas aresztowania: kroczył dumny i wyprostowany w eskorcie policyjnych antyterrorystów.

Sąd wyraził zgodę na jego areszt.

Akt oskarżenia w sprawie zabójstwa ze szczególnym okrucieństwem Krystyny S. trafi do sądu wkrótce. Potem, jeśli sąd nie będzie miał żadnych wątpliwości proceduralnych, ruszy proces.

Bogdan lubi powtarzać, że bez sprawy Krystyny S. nie byłoby krakowskiego „Archiwum X". W innych prowadzonych po latach śledztwach nie udałoby się odnaleźć zwłok, a rodziny nie mogłyby pochować swoich zmarłych bliskich i przeżyć żałoby. Dzięki wysiłkom policjantów bezimienne ofiary odzyskały tożsamość, a ich krewni mają się gdzie modlić i zapalać znicze.

*

Krakowskie policyjne „Archiwum X" pracuje nadal. Wciąż zajmuje się sprawami z obszaru „ciemnej liczby zabójstw", rozwiązuje zagadki zbrodni sprzed lat. Podobne policyjne zespoły, na wzór tego krakowskiego, działają też w innych komendach na terenie całego kraju. „Archiwum X" to idea łącząca ludzi wierzących w sprawiedliwość, co często podkreślają policjanci.

– Antoni Kępiński zawsze tak samo zaczynał wykłady dla studentów psychiatrii – Bogdan z uśmiechem opowiada swoją ulubioną anegdotę. – Mówił, że „typ debilno-kretyński stosuje uogólnienia". Dlatego ja w swojej pracy detektywa podchodzę do każdej sprawy bez schematu, indywidualnie. Bo każdy człowiek jest inny, choć „złe emocje", które nami rządzą od tysięcy lat, są takie same.

Dla Bogdana świat jest tajemnicą. Dlatego do każdej sprawy, która trafia do „Archiwum X", podchodzi jako detektyw z pokorą.

– I choć być może są tacy czytelnicy tej książki, którzy sięgnęli po nią wyłącznie dlatego, że sami w zakamarkach swojej duszy skrywają tajemnicę zabójstwa jakiegoś człowieka, jesteśmy spokojni. Jeśli chcieli znaleźć receptę na to, w jaki sposób uniknąć odpowiedzialności... – zawiesza głos Bogdan.

– ...to jej tu nie znaleźli – kończy Mariusz.

– Bo nie ma takiej recepty – mówi Bogdan. – Ja z każdym kolejnym śledztwem też się uczę, bo każda sytuacja jest nowa. W kryminalistyce nie ma wzorów. I mam nadzieję, że ta nauka wciąż będzie się rozwijać. Ale w naszej pracy chodzi też o coś więcej. Nie o zemstę, ale o uznanie winy, które jest punktem wyjścia do nawrócenia. To przypomina historię pierwszego ze świętych Kościoła katolickiego, świętego Dyzmy, czyli jednego z łotrów ukrzyżowanych na Golgocie. Ten pierwszy święty Kościoła usłyszał od Jezusa słowa: „Dziś będziesz ze mną w raju". Wcześniej jednak się nawrócił, bo wyznał swoje winy. I każdy z nas, póki żyje, ma taką szansę.

Przypisy

1 Czyli niewielkiego statku, którego zadaniem jest pchanie barek (na przykład z węglem) lub dopychanie większych jednostek pływających do brzegu.

2 Pojęcie niemieckiego socjologa Maxa Webera.

3 Zob. więcej na temat tej sprawy w naszej poprzedniej książce: *Polskie Archiwum X*, Kraków 2016, s. 69–90.

4 „Porządek być musi" (z niem.).

5 Areszt śledczy przy ulicy Montelupich 7 w Krakowie.

6 MOPS – Miejski Ośrodek Pomocy Społecznej.

7 O kolejnym śledztwie można przeczytać w naszej poprzedniej książce: *Polskie Archiwum X*, Kraków 2016, s. 251–267.

8 Berza – tak w slangu bezdomnych nazywane są rejony Nowego Kleparza, ulicy Długiej oraz rejonów Dworca Głównego PKP i Dworca PKS w Krakowie.

9 Bogusław Sygit, *Kto zabija człowieka... Najgłośniejsze procesy o morderstwa w powojennej Polsce*, Warszawa 1989, s. 81.

10 Krzysztof Jakubowski, *Kraków pod ciemną gwiazdą*, Kraków 2016, s. 98 nn.

11 Synchroniczność (ang. *synchronicity*, gr. *synchronos*, czyli równoczesność) – pojęcie wprowadzone przez Carla Gustawa Junga (1875–1961) w celu określenia pozornie istotnego związku w czasie dwóch lub więcej zdarzeń, które są ze sobą związane, ale niepołączone zależnością przyczynowo-skutkową, tak jak sen może korespondować z zewnętrznym zdarzeniem albo kiedy bliscy krewni

lub przyjaciele mają podobne myśli, sny czy doświadczenia w tym samym czasie (definicja za: Andrew M. Colman, *Słownik psychologii*, tłum. A. Cichowicz, M. Guzowska-Dąbrowska, P. Nowak, H. Turczyn-Zalewska, Warszawa 2009, s. 720).

12 Fragment piosenki Kazika *Wampir z Bytomia* z płyty *Spalaj się!* z roku 1993. Utwór nawiązywał do życia seryjnego zabójcy Joachima Knychały, który w latach 1974–1982 zamordował pięć młodych kobiet. Podczas procesu twierdził, że chodził na proces Zdzisława Marchwickiego i to, co usłyszał na sali sądowej, zainspirowało go do zabijania. Joachim Knychała został skazany na karę śmierci. Wyrok wykonano 28 października 1985 roku w Krakowie.

13 Bogusław Sygit, dz. cyt., s. 81.

14 Zob. więcej w książce Billa Bassa i Jona Jeffersona, *Trupia farma. Jak dzięki zmarłym naukowcy rozwiązują kryminalne zagadki*, tł. Janusz Ochab, Kraków 2012.

15 Piotr Herbowski, *Badanie poligraficzne jako metoda weryfikacji wersji śledczych*, Warszawa 2011, s. 80.

16 Tamże, s. 80–84.

17 Zob. więcej na ten temat w książce Jacka Bieńkuńskiego, *Rozwój badań poligraficznych (wariograficznych) w siłach zbrojnych RP w latach 1969–1998*, Warszawa 2002, s. 12–13.

18 Piotr Herbowski, dz. cyt., s. 84–85.

19 Tamże, s. 90.

20 Więcej na ten temat w artykule Piotra Stryszowskiego i Jacka Bieńkuńskiego, *Wykorzystanie i znaczenie ekspertyz wariograficznych. Studium przypadku*, „Prokuratura i Prawo” 2014, nr 7–8, s. 171–201.

21 Właściwy cytat z *Listu do Rzymian* brzmi: „«Do mnie należy pomsta, Ja wymierzę zapłatę» – mówi Pan" (Rz, 12,19).

22 Jan Sehn (1909–1965) – polski prawnik i w latach 1945–1947 sędzia śledczy; przygotował m.in. oskarżenie byłego komendanta obozu Auschwitz-Birkenau Rudolfa Hössa. Od 1949 roku długoletni kierownik Instytutu Ekspertyz Sądowych w Krakowie (który od 1966 r. nosi jego imię); profesor Uniwersytetu Jagiellońskiego i pierwszy kierownik Katedry Kryminalistyki UJ. Dokładna definicja śladu według Jana Sehna brzmi: „Ślady kryminalistyczne to wszelkie zmiany w obiektywnej rzeczywistości, które jako spostrzegalne znamiona po zdarzeniach będących przedmiotem postępowania stanowią podstawę do odtworzenia przebiegu tych zdarzeń zgodnie z rzeczywistością". Cyt. za I. Bogusz, M. Bogusz, *Ślady kryminalistyczne dla słuchaczy szkolenia zawodowego podstawowego*, Centrum Szkolenia Policji, Legionowo 2015, s. 7. Zob. też T. Hanausek, *Kryminalistyka. Zarys wykładu*, Zakamycze 2005, s. 46–47.

23 Zob. więcej w naszej poprzedniej książce: *Polskie Archiwum X*, Kraków 2016, s. 117–141.

24 W pierwszym kwartale 2018 roku było w tej bazie zarejestrowanych ponad 85 tysięcy profili DNA. Źródło informacji: Biuro Prasowe KGP.

25 Na początku kwietnia 2018 roku w systemie AFIS było blisko cztery miliony kart daktyloskopijnych. Trzeba jednak pamiętać, że baza AFIS niemal każdego dnia wzbogaca się o nowe zbiory...

26 Jest tam obecnie przechowywanych około tysiąca profili genetycznych. Źródło: IPN.

27 Zob. więcej na ten temat w książce: *Zabójcy i ich ofiary. Psychologiczne podstawy profilowania nieznanych sprawców zabójstw*, red. Józef K. Gierowski i Teresa Jaśkiewicz-Obydzińska, Kraków 2002.

Spis treści